兵马俑
秦

袁仲一——著

浙江文艺出版社

图书在版编目(CIP)数据

秦兵马俑 / 袁仲一著. —杭州:浙江文艺出版社,
2023.5(2024.11重印)
ISBN 978-7-5339-7182-3

Ⅰ.①秦⋯　Ⅱ.①袁⋯　Ⅲ.①秦俑-通俗读物　Ⅳ.
①K878.9-49

中国国家版本馆 CIP 数据核字(2023)第 038602 号

统　筹	王晓乐		装帧设计	胡　川	
特约编辑	俞玲芝		责任校对	牟杨茜	
责任编辑	谢园园	张恩惠	责任印制	张丽敏	
美术编辑	沈路纲		数字编辑	姜梦冉	诸婧琦
营销编辑	张恩惠	詹雯婷			

秦兵马俑

袁仲一　著

出　　版　浙江文艺出版社
地　　址　杭州市环城北路 177 号
邮　　编　310003
电　　话　0571-85176953(总编办)
　　　　　0571-85152727(市场部)
制　　版　浙江新华图文制作有限公司
印　　刷　浙江新华数码印务有限公司
开　　本　880 毫米×1230 毫米　1/32
字　　数　157 千字
印　　张　7.375
插　　页　4
版　　次　2023 年 5 月第 1 版
印　　次　2024 年 11 月第 5 次印刷
书　　号　ISBN 978-7-5339-7182-3
定　　价　78.00 元

前　言

　　1974年7月，因为农民挖井偶然发现了陶俑的残片，我与另外三位考古工作者被领导派遣前去考古发掘。原来认为10天左右即可完成发掘任务，但谁也没有想到，我从此与兵马俑结下了不解之缘。

　　通过勘探和试掘，我们摸清了一号兵马俑坑的范围和内涵，接着又发现了二号和三号兵马俑坑。三个坑内共有陶俑、陶马约8000件。这一惊人的巨大发现，令我们兴奋不已，同时也令全球瞩目。它被誉为世界第八大奇迹，20世纪世界考古史上的伟大发现之一。为了保护好这一人类文明史上的伟大奇观，国家决定拨巨款在原址上建立秦始皇兵马俑博物馆（后文简称秦俑馆）。

　　秦俑馆自开馆以来，已接待国内外观众近7000万人次，其中境外观众近700万人次，国家元首和政府首脑170多位。兵马俑还到30多个国家和地区的70多座城市展出，累计观众1000多万人次。兵马俑受到世界各国人民的普遍喜爱，在世界上掀起了一股经久不衰的秦俑热。

　　兵马俑坑周围的农村，由原是名不见经传、缺衣少食的贫困村落，到由于兵马俑的发现，发展了旅游业，从而脱贫致富，前后真有天壤之别。

作为考古工作者，看到自己亲手挖出的兵马俑受到国家的高度重视和人们的喜爱，心里非常高兴。但是考古工作就是探索，不断地从未知中获得新知，寻寻觅觅，永无止期。30多年来，除对兵马俑坑进行勘探和发掘外，我们还对秦始皇陵园进行了较系统、全面的勘探，先后又发现了铜车马坑、马厩坑、珍禽异兽坑、石铠甲坑、铜禽坑、百戏俑坑及各种各样的府藏坑等共180余座。另外，还发现各种墓葬500余座，以及大量的宫殿建筑和附属建筑遗址。整个陵园像座丰富的地下文物宝库。"秦始皇陵及兵马俑坑"的组成部分已于1987年被联合国教科文组织列入《世界遗产名录》，这是对其在人类文明史上重要意义的肯定。

兵马俑坑和秦始皇陵众多的遗址、遗物，是博大精深的秦文化的载体，蕴含着丰富的知识和中华民族特有的精神价值，体现着中华民族巨大的生命力和创造力。兵马俑所展现的恢宏气势、卓越的艺术及丰厚的文化内涵，引起人们心灵的震撼。法国前总统希拉克1978年9月参观秦俑后留言说："世界上有七大奇迹，秦俑的发现可以说是八大奇迹了。不看金字塔不算真正到过埃及，不看秦俑不算真正到过中国。"

本书根据个人亲身的经历和研究的心得，简要介绍了兵马俑发现、发掘的经过，并对其文化内涵做了剖析。另外，对秦始皇陵其他陪葬坑出土的陶俑及铜俑、铜马、铜禽等，亦附带做了介绍。由于秦俑坑和秦陵的考古工作仍在进行中，今后还会不断有新的遗迹、遗物发现，书中的一些观点必将会有所补充或修正。由于自己的知识所限，书中可能存在一些问题，希望批评指正。

本书所用照片由夏居宪、郭燕同志提供，所用插图由秦俑考古队绘图室提供，刘钰同志帮助审阅文稿，在此一并表示感谢！

袁仲一

二〇一一年元月一日

目录

1 兵马俑发现记

邂逅"瓦神爷"

陕西省临潼县（今西安市临潼区）有个贫穷落后的村落，名叫西杨村。该村位于骊山北麓的洪积扇上，这里土地贫瘠，地面上布满砂石，当地群众称之为石滩洋，晚上经常有狼出没。

1974年初，当地农民为了灌溉干旱的农田，决定在村南挖一眼水井。3月25日，西杨村的农民杨志发、杨彦信、杨全义、杨文海、王普智、杨新满等人，在生产队长杨培彦、杨文学的带领下，开始在村南的乱石滩上挖井。当挖到1米左右深的时候，他们发现有一些木炭；挖到2米深时，地下出现坚硬的红烧土块。大家有些纳闷：是不是挖到烧造砖瓦的窑上了？他们心里不免有些忐忑不安，唯恐又挖了一个没水的干井。

3月29日，这是一个永远令人难忘的日子。这天在井下负责挖土的杨志发、杨彦信二人挖到三四米深时，突然发现几个残破的陶制人头及一些断腿残臂的陶片。一时井上、井下的人都非常惊奇，七嘴八舌地议论纷纷。有的说像"瓦神爷"，可能挖到瓦神庙了。继续往下挖，当挖到4.5米深时，发现成束的青铜箭镞、铜弩机等兵器及砖铺地面。

农民挖井挖出了"瓦神爷"的消息，顿时传遍了周围的村庄，大家争先恐后地前来看稀奇。一些上了年纪的老太太捧香前来叩头膜拜，祈求瓦神爷保佑全家幸福。也有的说："这是瘟神！多年来我们穷困潦倒，就是因为这些不祥之物兴妖作怪。"周围村庄一时都被搅得沸沸扬扬。是神，是怪，还是其他什么东西，谁也说不清楚。

临潼县宴寨公社（今临潼区骊山镇）有位负责水利建设的干部，名叫房树民。他到西杨村来察看挖井的进展情况时，在很远的地方就看到井上围着许多人，乱哄哄的。他来到井边仔细察看后，又下到井底检查，发现井底出土的铺地砖与秦始皇陵出土的砖完全相同。他爬上井口后说："我看不像是瓦神爷，可能是文物。你们暂时把挖井的工作停一下，我向有关部门汇报后再决定

○ 陶俑出土情况（一号坑）

○ 陶俑出土情况（一号坑）

是否继续向下挖。"

　　房树民迅速向临潼县文化馆做了汇报。文化馆副馆长王进成及文物专家赵康民、丁耀祖等立即赶到西杨村。在打井处看到残破的陶俑躯体及遍地的残陶片，他们初步推测可能是大型的陶俑。不过对陶俑的来历以及它与秦始皇陵是否有关系等问题，一时不易判断。

　　第二天，赵康民又来到西杨村，把已出土的陶俑残体及众多残陶片收集起来，运回县文化馆。5月初，赵康民又来到现场做进一步的发掘清理工作，又出土了一批遗物。他把前后出土的陶俑残片整合在一起，开始进行拼接和修复。到了1974年6月，经过修复，赵康民复原了两件与真人大小相似的武士俑。

这时，新华社记者蔺安稳恰巧回到临潼探亲，从其在县文化馆工作的夫人处得知文化馆内有几件农民挖井时发现的大陶俑。他立即到文化馆与西杨村进行调查、访问，写了篇《秦始皇陵出土一批秦代武士俑》的短文，刊发于1974年6月27日人民日报社编印的《情况汇编》第2396期上。这是关于兵马俑的第一篇报道，有着特殊的意义和巨大的影响，故全文转录如下。

秦始皇陵出土一批秦代武士俑

陕西临潼县骊山脚下的秦始皇陵附近，出土了一批武士陶俑。陶俑体高一米六八，身穿军服，手执武器，是按照秦代士兵的真实形象塑造的。这批武士俑的发现，对于评价秦始皇，研究儒法斗争和秦代的政治、经济、军事，都有极大的价值。

秦始皇陵周围以前曾出土过陶俑，但都是一些体积不大的跪俑，像这种同真人一样的立俑，还是第一次发现。特别珍贵的地方，在于这是一批武士俑。秦始皇用武力统一了中国，而秦代士兵的形象，史书上未有记载。这批武士陶俑是今年三四月间，当地公社社员打井时无意中发现的。从出土情况推测当时陶俑上面盖有房屋。后来，被项羽烧焚，房倒屋塌，埋藏了两千多年。这批文物由临潼县文化馆负责清理发掘，至今只清理了一部分，因为夏收，发掘工作中途停止了。临潼县某些领导同志出于本位主义考虑，不愿别人插手，因此一直保守秘密，没有向上级报告。

秦始皇陵是全国重点文物保护单位。可是，并没有得到妥善保护。生产队随意在陵园掘土挖坑，开荒种地。出土文物中的金属制品，有的竟被当作废铜烂铁销毁掉，一些石制、陶制物品则被丢来抛去。临潼县文化馆馆长李耀亭同志说，关于秦始皇陵的破坏情况，曾专门向陕西省有关部门打过报告，并建议成立秦始皇陵保管所，展出当地出土的秦代文物，对广大群众进行阶级斗争和历史唯物主义教育。但是，报告送上以后，如石沉大海，没有回音。

这篇只有五百余字的短文，刊发后引起国家领导人的高度重视。当时的国务院副总理李先念立即将该文批转给分管文物工作的国务院副秘书长吴庆彤和国家文物局局长王冶秋。批文如下。

庆彤同志并冶秋同志：

建议请文物局与陕西省委一商，迅速采取措施，妥善保护好这一重点文物。

先念　一九七四年六月三十

同年7月6日，国家文物局文物处处长陈滋德从北京飞抵西安，会同中国社会科学院及陕西文物部门的领导、专家，到陶俑出土的现场进行考察。当时对陶俑的时代、性质、坑的形制和大小等问题，仍说不清楚，只有再进一步做些工作，才能做出较准确的判断。考察后，经研究决定：报请国务院和国家文物局批准，委托陕西省组织考古队进行发掘。

其实，在过去的岁月中，人们曾多次见过兵马俑。

1974年，西杨村农民挖井发现了秦武士俑。但在历史上这并不是陶俑第一次被人们发现。因为陶俑埋在地下只有5米左右深，且规模宏大，所以只要在此动土就很容易见到。根据后来考古人员在发掘过程中见到的一些迹象，可推知自公元前210年到1974年的两千多年间，人们曾30多次见到过兵马俑。在兵马俑坑上发现有西汉后期（公元前1世纪后期）的墓葬1座，东汉（25—220）的墓葬5座，近现代墓葬20余座，古井3眼，20世纪初期的大扰坑1个。这些墓葬、井、扰坑都挖出了兵马俑。下面略举几例。

例一：二号兵马俑坑的西端有一东汉时的夫妇合葬墓，墓穴正好挖在4匹陶马及4件武士俑的身上。陶俑、陶马被打碎移置于墓室的东北角，两口木棺放在俑坑底部的砖铺地上。

例二：二号兵马俑坑西部有一距今约百年的古井。井为圆形，直径1米余，深12.6米。此井正好挖在一辆战车前的陶马身上。在清理井中填土的过程中发现大量的陶马残片，井周的壁面上仍凹凸不平地嵌有陶马的残片。

例三：一号坑的东端有一座清代墓，出土有康熙（1662—1722）、乾隆（1736—1795）时期的铜钱。墓穴挖在陶俑身上，陶俑打碎后被移置至墓道口部。

例四：兵马俑坑上的一些现代墓，地面上仍存留有圆形的封土堆，封土堆的土中含有兵马俑的残片。这里是西杨村杨姓家族的坟茔地，据农民说，谁家挖墓穴如果挖出怪物（陶俑），会被认为不吉利，所以那家人会悄悄将其打碎。

例五：二号坑的西北角有一个大扰坑，面积为数十平方米，里面积满了淤泥。淤泥中有一民国时期（20世纪二三十年代）的铜钱，说明该坑是四五十年前农民取土形成的。把淤泥清除后坑里暴露出大量的陶俑、陶马的躯体。

其他还有许多例证，这里不再一一列举。这说明两千多年来，人们曾先后多次见到过兵马俑，由于没有认识到它是珍贵的文物，

○ 一号坑上发现的近代墓

反而认为是不祥之物，因而每次它都与世人擦肩而过。庆幸历史老人，把帮助兵马俑走出黑暗幽宫、走向世界的殊荣留给了我们这一代人。

经国家文物局批准，陕西很快成立了考古发掘队和发掘领导小组。考古队的成员有袁仲一、屈鸿钧、崔汉林、赵康民等人。

1974年7月15日，考古队进驻西杨村考古工地。第二天，我们在考察当地环境风貌时注意到：农民挖井处是一片荒滩和柿子林，地形南高北低、西高东低，呈阶梯状的坡形；东边有条既深又广的大水沟，西边有数条古河道，河道内堆满厚厚的砂石；树林间散布着一座座圆丘形的小坟堆。农民挖井处位于树林的东边，在一棵大柿子树的旁边。

7月17日，考古队开始对俑坑进行勘探和清理。首先对已暴露的遗迹、遗物进行文字记录、绘图、照相，然后在原来已挖掘部分的基础上继续进行清理。清理的范围南北长16.85米，东西宽7.85米，距现地表深2.7～4.5米，到7月底已清理出陶俑10余件。这时除俑坑的东边壁已局部清理出来外，其余三面不见坑边。为了寻找坑的边缘，搞清楚俑坑的形制和大小，从8月1日起又向周围扩大清理范围。清理的面积南北长24米，东西宽14米，计336平方米。到10月底，工作暂告一段落，共清理出陶俑、陶马60余件，还有一些建筑遗迹。如此多的陶俑、陶马出土，考古队的成员为之心情振奋、欢欣鼓舞；但是，因为对俑坑的大小及其形制仍不明晓，心里难免有些迷惘。

从1974年11月2日开始，在西北大学考古专业刘士莪教授等五位师生的支援下，在上述清理地方的北侧又开了三个试掘方，面积为629平方米。

1975年3月，清理工作结束。至此，出土与真人、真马大小相似的陶俑500余件、陶马24匹，木质战车6乘，以及一大批青铜兵器、车马器等文物。因俑坑经火焚塌陷，出土的陶俑、陶马均已破碎，战车遗迹凌乱。

在清理发掘工作的同时，我们对此进行了钻探。钻探工作是从1974年8月2日开始的，以农民挖井处为起点向四周扩展钻探。采用井字格形布孔，间距2米一孔。一般深1米左右即见红烧土，深2米左右见被烧毁的坑顶上部的棚木炭迹，深3～4米见陶俑的残片。

8月8日，意外的惊喜发生了！那天，下和村69岁的和万春老人对考古队员说，他十三四岁时，父亲在地里挖井，发现一个像人一

○ 陶俑、陶马出土情况（一号坑）

样的"怪物"贴在井壁上，井里的水很满。然而过了两三年，井里的水竟然没有了，父亲认为是"怪物"把水喝了，淘井时把"怪物"挖出来打碎了。考古人员在和万春老人的指引下来到他父亲挖井的地方，旁边有一个小坟堆和一棵沙果树。经钻探，果然在距现地表5米深处发现陶俑的残片。这里东距考古队正在发掘的试掘方约150米。于是我们扩大范围钻探，结果竟然把试掘方与和万春父亲挖井处连接在了一起，最后发现这是一座大型的俑坑！

新的考古发现令人精神振奋。

我们又经过十个月艰苦细致的考古勘探和试掘，到1975年6月，基本上摸清了俑坑的范围及其形制。它是座东西长230米（包括东、西两端门道），南北宽62米（不含门道），距现地表深4.5～6.5米，面积为14260平方米的大型陪葬坑。根据试掘方内已出土陶俑、陶马排列的密度推算，坑内共埋藏有陶俑、陶马近6000件。我们将之编号为一号坑，定名为秦始皇陵一号兵马俑坑。

规模如此巨大，埋藏的陶俑、陶马如此之多，还有众多的巨型陪葬坑，这在中国和世界考古史上都是首次发现，一时轰动了中国、震撼了世界。1975年8月，国家文物局报请国务院批准，决定在兵马俑坑原址上建立大型遗址博物馆。建馆的工程于1976年5月破土动工。为确保施工过程中文物的安全，在动工前我们把原来在试掘方内已揭示出的文物全部用土覆盖。

○ 陶俑出土情况（一号坑）

扩大战果

1976年2月，当一号兵马俑坑的勘探工作告一段落后，考古队将工作重点转移到寻找新的兵马俑坑上来。当时我们推想：按照中国人讲究均衡对称的传统习惯，在秦始皇陵的东边发现了一号兵马俑坑，那么在秦始皇陵的西边、南边、北边，是不是还会有二号、三号、四号兵马俑坑呢？根据这个思路，我们把考古队员分成两个小分队，在秦始皇陵的四周进行考古调查和勘探工作。

参照一号坑距秦始皇陵1.5公里的数据，我们同样在陵墓的西侧1.5公里处进行勘探。这里是一片石榴树林，地下堆积着厚厚的砂石层，钻探工作极为困难，工作月余一无所获。在秦始皇陵的南侧，因靠近骊山，地下堆满碎石及大石块，无法进行钻探。在陵墓的北侧，我们发现一些地面建筑的夯土基址，但未发现俑坑。这时大家不免有些灰心丧气。

正当大家一筹莫展时，4月21日，传来一个重要的信息：建筑工人徐宝三在配合博物馆建设进行地基钻探时，在一号兵马俑坑的东端北侧发现地下的土质较坚硬，疑是夯土。于是，考古队的人员全部集中到那里进行钻探。4月23日，果然又发现了陶俑的残片。大家心里又充满了希望。

这里的地貌较复杂，地面是一片果树林，多数为柿子树，少数为杏树，高大粗壮，为百年以上的老林木；另外，地面上还有许多小坟堆，有的坟堆的土中夹杂有陶俑的碎片，说明若干年前当地农民挖墓穴时也曾挖出过陶俑。这里的地势南高北低、西高东低。西部有一条当地农民取土挖出来的大土壕；东部有一条古河道及一眼现代的大口水井；南部有一条东西向的高1米多、长约200米的土崖，以土崖为界分成南、北高低不同的两级台地，南边的台地为一号兵马俑坑所在地。发现夯土和陶俑残片的地方，位于第二级台地东南角的一棵大杏树的附近，与一号兵马俑坑相距不远。这时考古人员的心情既兴奋，又有些忐忑：这是座新的俑坑还是原本就是一号坑的一部分？如果由于我们的疏忽而没有把一号坑的范围搞清楚，那将成为考古史上的一个笑柄。

为了解决上述疑问，我们以新发现陶俑残片处为基点向周围扩大钻探。经过半个多月的艰苦工作，到1976年5月10日，基本上摸清了俑坑的情况：坑的平面呈曲尺形，坐西面东。东西长124米（包括门道），南北宽98米（包括北侧门道），距现地表深约5米，面积约6000平方米。东边有4个斜坡形门道，西边有5个斜坡形门道，北边有2个斜坡形门道，南边没有门道。此坑位于一号兵马俑坑的东端北侧，两坑相距20米，是与一号坑不相连的又一座新的兵马俑坑，我们将之编为二号兵马俑坑。

为了进一步了解二号坑内部的结构和埋藏情况，经国家文物局批准后，我们于1976年5月至1977年8月底进行了局部试掘，先后共开了19个小型试掘方，在试掘方内共出土木质战车11乘，拉车的

○ 跪射俑(二号坑)

○ 陶马出土情况(二号坑)

陶马67匹，骑兵的陶质鞍马29匹，骑士俑32件，跪射俑、立射俑等各类武士俑192件，青铜兵器和车马器等共1929件。根据试掘方内陶俑、陶马的排列密度推测，二号坑内共有陶俑、陶马1400余件。

与一号坑相比，二号坑面积比一号坑要小，陶俑、陶马埋藏的数量也比一号坑少，同时还具有如下不同于一号坑的显著区别。

第一，形状不同。二号坑的平面呈曲尺形，一号坑呈东西向的长方形，里面埋藏的陶俑、陶马排列也随形排列。

第二，二号坑内出土有骑兵俑排列的骑兵阵，还有跪射俑和立射俑，数量众多，排成一个正方形的小型军阵，此为中国考古史上首次发现，而一号兵马俑坑内没有这些。

第三，二号坑内埋藏战车的数量较多，根据试掘方出土的情况推断，二号坑内共有战车89乘，并有一个战车组成的车阵。一号坑内有战车40余乘，每乘车后都跟随一定数量的步兵俑，是车与步兵结合编组。

由此可见，二号兵马俑坑的形制特殊，内容丰富，是继一号兵马俑坑之后又一重大的考古发现。

○ 棚木遗迹(二号坑)

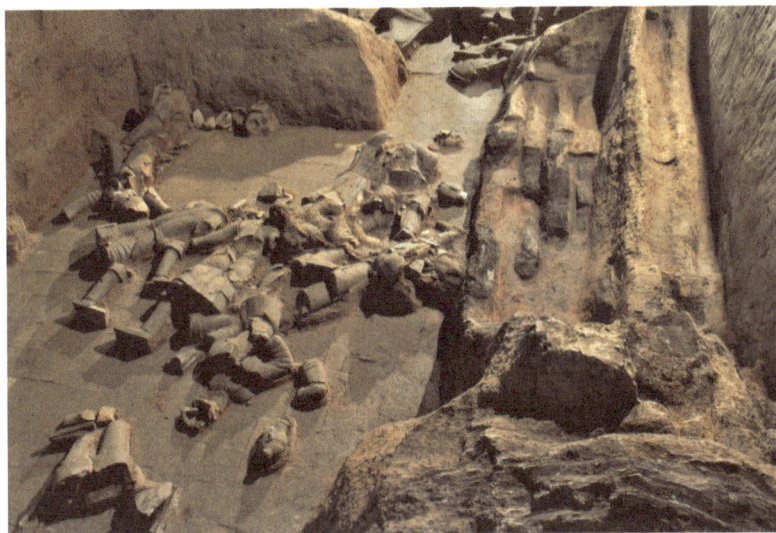

○ 二号坑(局部)

发现第三个俑坑

考古工作是一个不断探索、追求新知的科学工程。考古工作者有个习惯，在田野考古时，总是在那里寻寻觅觅，一个问题解决了，马上又会对另一个新的问题进行探索。当二号兵马俑坑发现后，考古队一方面进行二号坑的试掘，另外抽出人力继续在周围地区钻探，希望能够再找到新的俑坑。当时分析：一号坑的东端北侧有二号坑，那么在其西端北侧也应该有个俑坑，这样在布局上才较合理。根据这一推断，我们就以此处作为重点钻探区。

一号坑的西端北侧是一片石榴树林和沙果树林，并有几座现代的小坟堆，还有看果园人临时搭建的一个小窝棚。一条古河道从这里穿过，地面上堆积着很厚的砂石层。1976年5月初，我们开始钻探，因地下砂石层很厚，探铲钻不下去，于是我们就先把砂石层挖除，然后钻探，工作十分艰辛。

5月11日，这是考古队又一个难忘的日子：在一探孔内发现五花土（即人工动过的土层）！我们继续往下钻探，待探到5米深时，又发现了陶俑的残片。当时判断这可能又是一座新的俑坑。为摸清俑坑的范围和形制，我们向四周扩大范围，经过一段时间艰苦的工作，到同年6月初，就把坑的情况探查清楚了，并将之编为三号兵马俑坑。

三号坑与一号坑相距25米，东距二号坑120米。坑的平面呈凹字形，坐西面东，东边有一条斜坡形门道。三号坑的面积较小，东西长28.8米（含门道长），南北宽24.57米，距现地表深5.2～5.4米，面积约524平方米。为摸清坑内埋藏情况，1977年3月至12月，我们对该坑进行了试掘。坑内有木质战车1乘，陶俑、陶马72件。该坑是地下坑道式的土木结构建筑，因木质腐朽造成俑坑塌陷。在坑的北部西侧发现一个直径约1.5米的盗洞，在俑坑塌陷前盗贼从此盗洞进入坑内，把青铜兵器等重要的器物盗去，并把陶俑、陶马打碎，许多俑头被拿去，因此很多俑仅存残破的躯干。这是在什么时候被什么人盗掘和破坏的，当时还不易做出准确的判断。

三号坑的面积虽小，但内部结构复杂，陶俑的身份亦较特殊：俑与俑是呈面对面夹道式排列，像担任警卫任务的卫士。因此三号坑有可能是统率一、二号兵马俑军队的指挥部。

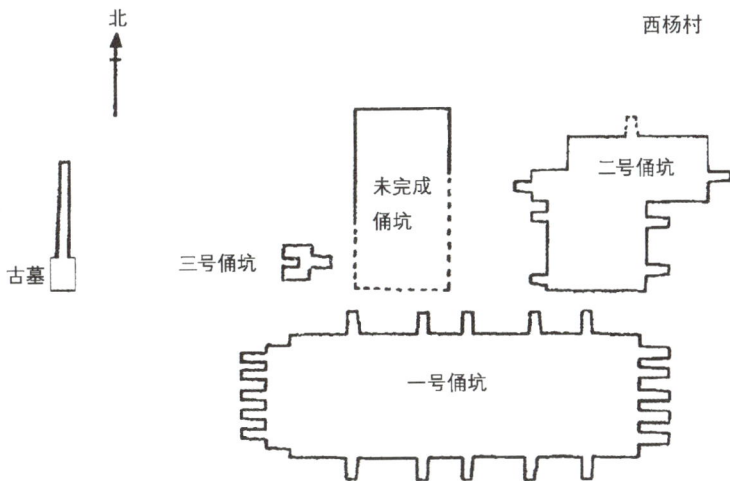

○ 兵马俑坑位置平面图

○ 三号坑全景

一号坑——长方形步兵阵

一号兵马俑坑的勘探和试掘工作于1975年结束后，不久即把遗迹、遗物全部用土覆盖，以便在俑坑上建造遗址保护大厅时确保文物的安全。

遗址保护大厅的基建工程于1976年5月动工，到1978年4月底，大厅的主体工程基本竣工，总建筑面积为15911平方米。大厅的顶部采用落地式钢拱架结构，外观呈圆拱形的厅顶；大厅的四周及顶部有大型采光窗；沿俑坑的四周设有参观廊。遗址大厅的功能集文物保护、考古发掘和文物展示于一体，实行边发掘、边开放的策略。这里既是考古发掘的现场，又是观众参观学习的文化殿堂。

当人们走进一、二、三号兵马俑坑考古发掘现场时，首先映入眼帘的是坑中那一道道夯土隔墙、一排排贴墙竖立的已残断的立柱，坑顶密集排列的棚木遗迹，以及门道口的封门木和坑底的砖铺地面等众多的遗物，这是经过两千多年的变迁后展现给人们的历史画卷。面对这幅历史画卷，人们自然迫切地想了解：兵马俑坑未被焚烧塌陷前原来的形制、结构是什么样子。

遗址保护大厅主体工程竣工后，同年5月8日即开始进行正式发掘。全坑共划分20米×20米的27个发掘方。发掘工作的第一步，首先是揭取俑坑上部覆盖的表土，然后集中清理一号坑东端的5个发掘方，面积共2000平方米。到1981年9月，这5个方的发掘工作基本结束，共出土木质战车8乘，拉车的陶马32匹，各类武士俑1087件；青铜剑、戈、矛等兵器486件，青铜箭镞38895件；车马器646件（铜甬钟、铜衔、铜带钩、铜鼓环等）。另外，一号坑东端的门道、夯土隔墙、坑底的砖铺地面以及坑内的立柱、棚木等木结构遗迹也被揭示出来。

一号坑是一座土木结构的地下宏大建筑，在未被焚毁塌陷以前，原来是一座建筑面积达1.4万多平方米的地下宏伟建筑，坐西面东，呈东西伸展的长方形。坑的四周环有长廊，中部用夯土墙间隔9条长180米、宽3.2米东西向的过洞，底部用青砖铺地。坑的顶部用粗棚木一根挨一根密集地搭盖，棚木上铺一层席子，席上再覆盖黄土以

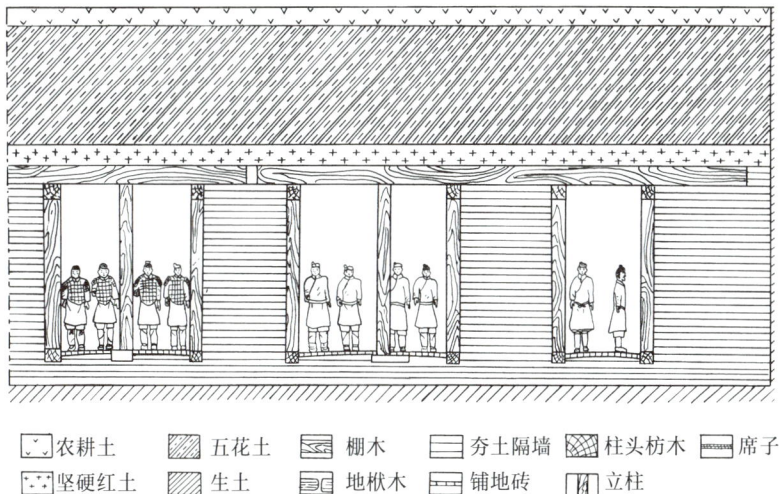

| 农耕土 | 五花土 | 棚木 | 夯土隔墙 | 柱头枋木 | 席子 |
| 坚硬红土 | 生土 | 地栿木 | 铺地砖 | 立柱 |

○ 一号坑土木结构建筑示意图

形成坑顶。坑顶高出地表2～3米，外观像一座夯筑的长方形的土台。土台上部未再发现有木构类的建筑。从坑底的砖铺地面至坑顶的内部空间高度为3.2米。坑的四面各有5个斜坡形门道，门道的下口与坑体交接处设有封门木。待陶俑、陶马放进俑坑后，即用一排立柱把门道口封堵，门道内再用土填实，从而使俑坑完全封闭于地下，成为一座地下军事营垒。

一号坑内部的平面布局是根据军阵阵形的实际需要而设计的：在其东端长廊内，部署的是军阵的前锋部队；西端，即军阵的后端部署的是后卫部队；左右两侧长廊内是军阵两侧的翼卫部队；中间9个过洞内是步兵与战车相间排列的大型军阵的主体。以上几部分有机地结合形成一个长方形的大型军阵。

○　一号坑东壁木结构复原图像

从立体结构方面看，一号坑是一座地下坑道式土木结构建筑。构筑的方法是：根据事先设计的规划蓝图，先挖一个长方形的土圹，在土圹的内侧包镶厚约2米、高3.2米的夯土墙作为俑坑四周的边壁；在坑的底部填土逐层夯筑作为地基，地基的夯土厚约70厘米，土质坚硬密实，然后在俑坑内筑成10道东西向的夯土隔墙形成过洞。每道隔墙厚约2米，高3.2米。

在俑坑四周边壁的内侧以及每道隔墙的左右两侧，整齐有序地排列着一行行的木质立柱，柱与柱的间距为1.5米或1.75米，全坑共有立柱约2300根。立柱多数为圆柱，少数为方柱，柱径为25～40厘米，原高3米。各个立柱的下端立于长方形的垫木上。立柱的顶端承托着横置的长方木，从而构成井口枋形的木质框架。在此框架及各条夯土隔墙的上部一根挨一根密集地搭盖着棚木。棚木多数为圆木，个别为方木，一般长4～8米，个别的长12米，直径为30～45厘米，个别的直径65厘米，木质多为松柏木。棚木上覆盖一层席子，大多为芦席，个别地方为竹席。席子上铺一层红色的胶泥土，以防水渗进坑内，在胶泥土上再覆土夯筑以形成坑顶。

由上可见一号兵马俑坑的建筑规模宏伟，工程浩大。粗略计算，其挖掘和夯筑的隔墙及坑顶的封土等的土方量约为15万立方米；立柱、棚木、封门木等各项木料约为5400立方米；铺地砖约为15.7万块；棚木上铺的席子达1.1万平方米。土方工程量和建材用材如此巨大，令人震惊，这需要大批的工人参加俑坑的建设。至于到底用了多少工人，这些工人是如何组织的等问题，已不易确知。值得庆幸

○ 泥土上的席纹

的是，在一号兵马俑坑的南边相距40～50米处，通过考古钻探发现大面积的修建俑坑工人的临时住处。现在残存的住处东西长约200米，南北宽约100米。在此范围内密集地分布着一座座类似蒙古包形的窝棚遗址。遗址内存留着灰土及烧土地面，个别的存有残碎陶器片，未见其他像样的遗物，说明其住宿和生活条件十分简陋。这些工人当是从全国各地征调来服劳役的徒工，其中包括一部分具有较高技艺的土木工匠及一般的徒工。

一号坑所用的大量铺地砖，是在秦始皇陵区就地烧造的，大型条砖上有的留有戳印文字，从文字可知是由秦王朝中央官署的左司空、宫司空、将作大匠等官署机构下辖的制陶作坊烧造的。

在这里，我们意外发现了或为中国最早的一段砖墙。据知，秦、

一号兵马俑坑军阵全景

○ 砖墙

汉及以前时代的砖都是用来铺地的，用砖砌墙是在汉代以后才出现的。但是在一号坑东南角的边壁上却发现了一段砖墙，高1.65米，宽0.85米，厚0.5米，用青色条砖垒砌。这段砖墙形成的原因，当是因俑坑的边壁局部倒塌而临时改用砖砌筑。这一偶然发生的事件，却成为中国用砖砌墙的先例，在中国建筑史上具有里程碑式的意义。

俑坑的立柱基本上都是紧贴隔墙及四周边壁而立，名之曰壁柱。承托俑坑顶部重量的主要是俑坑中的各道隔墙及坑四周的边壁，立柱仅起辅助的承重作用，这是秦汉时期一切建筑的一个重要特征。例如，秦王朝都城咸阳的宫殿建筑及秦始皇陵内的一些地面上的宫殿建筑，均是如此，这也是中国早期建筑的一大特征。俑坑的建造承袭了这一传统的技法。

到兵马俑坑参观的观众，往往会提出一个问题：俑坑内的陶俑、陶马、木质战车等，是在俑坑的顶部封闭前放进坑内的还是在坑顶封闭后放进坑内的？这是个非常重要的问题，有助于我们弄清修建俑坑的工作流程。如果在坑顶封闭前把陶俑、陶马放进坑内，那么在搭盖坑顶的棚木时可能会危及陶俑、陶马的安全。如果在坑顶全封闭后再放置陶俑、陶马等物，那么在坑内黑暗的光线下工作会十分不便，尤其是陶俑手持的兵器和陶马身上饰件的组装会比较困难。那么其流程究竟是怎样的呢？在考古发掘的过程中，我们发现在一号坑T7发掘方南边壁的二层台上有残损的半个木质车轮遗迹。这是在往俑坑内放置木质战车时因不慎造成车轮折断，以致半个轮子弃置于此。此车轮间于坑顶的棚木层之上和坑顶的封土层之下，说明此轮是在坑顶搭盖棚木之后和覆盖封土之前被弃置的。由此可以推知：向俑坑内放置战车及陶俑、陶马，是在坑顶已搭盖好棚木而尚未覆盖封土的半封闭状态下进行的，这时坑顶的棚木层虽已搭盖好，但坑内的光线依然充足，此时向坑内放置陶俑、陶马、战车及各种兵器，应是最佳时段。这一推断如果无误，那就说明修建俑坑时建造者对工程的流程做了精心的设计和巧妙的安排。

因为一号坑经大火焚烧造成俑坑塌陷，坑内的文物遭到严重破坏。不过文物原来放置的位置没有大的变动，均可复原。木质战车出土时仅存腐朽的遗迹，但大小和结构形制与真车完全相同：车前驾有4匹陶马，马的大小与真马相似，形象逼真，姿态生动。每乘车

○ 立柱遗迹(一号坑)

○ 半个木质车轮遗迹

上有3件武士俑，其中1件为驾车的御手俑，另2件分别为军吏俑和甲士俑（古名车右）。已出土的8乘车中有5乘车上各有1件高级军吏俑（俗称将军俑），其余的3乘车上各有中级军吏俑1件。高级军吏俑的车上配有鼓和铜钟。鼓为扁圆形，高12厘米，鼓面径53厘米，鼓壁上等距离嵌有3个铜环，以便悬挂。古代作战时用金（铜钟等敲击乐器）、鼓来指挥军队的进退，所谓"击鼓进军，鸣金收兵"，可见上述配备有钟、鼓的车当为指挥车。指挥车上3名乘员的职责各不相同，御手居于车中间负责驾御车马；高级军吏居于车左侧负责掌握金、鼓；另一名甲士居于车右侧，手持戈、矛等兵器负责与敌格斗，以保护指挥官之安全。

已出土的1087件武士俑基本上都是步兵俑，身高大都在1.8米左右，最高者2米，最低者为1.72米。俑出土时多已破碎，经提取修复后一一放回原位陈列。这些俑有的身穿铠甲，腿部缚着护腿（古名絮衣），是为重装步兵俑；有的不穿铠甲，上身穿长度及膝的长衣，腰束革带，腿部扎着裹腿，足穿方口齐头履，头部绾着圆丘形发髻，装束轻捷，是为轻装步兵俑。轻装步兵俑出土于一号坑的最前端，属于军阵的前锋部队，手中所持的兵器基本上都是弓、弩等远射程兵器。重装步兵俑出土于前锋部队之后，是军阵的主体，手持戈、矛、戟或弓弩等兵器。俑的造型准确，形象逼真，像活生生的战士，一列列、一行行地有序排列，气势恢宏，是秦王朝真实军队的写照。

已出土的大批铜兵器，都是实战用的真实兵器。青铜剑、矛等兵器的制作技艺精湛，刃锋锐利，出土时大都没有生锈，光亮如新。

○ 一号兵马俑坑军阵局部

已出土的近3.9万件青铜箭镞，镞插在竹质或木质的箭杆内；箭尾嵌有羽尾，用以保持箭在飞行过程中的平衡。每80～100支箭为一束装在箭袋（古名箭箙）内，箭袋上有绳索以便系挂于陶俑的背后。这再现了秦军士兵背负矢箙、手持弓弩的形象，为研究秦代军事史提供了宝贵的实物资料。

1986年4月3日，我们对一号坑进行第二次正式发掘，新开5个发掘方。此次发掘又新出土木质战车14乘，拉车的陶马56匹，各类武士俑千余件，各类青铜兵器及车马器万余件。

对这5个发掘方出土的陶俑、陶马，我们没有再做修复，仍按出土的原状进行展示。这一做法受到广大观众的喜爱。人们在这里可以看到历经沧桑的兵马俑坑发生了巨大的变化：原来地下土木结构的宏伟建筑，如今已变成被焚后倒塌的废墟；原来披坚执锐、排列整齐的兵马俑群，如今已变成有的倒卧、有的互相依偎，好像战后的小憩。考古发掘现场所展现的这种多彩多姿、变化万千的场景，像一幅巨大的历史画卷，蕴含着丰富的文化信息，引起人们无限的遐想与深思。

○ 陶俑出土情况（一号坑）

○ 陶俑出土情况（一号坑）

二号坑——多兵种曲尺形阵

二号兵马俑坑于1976—1977年经过勘探和试掘，情况大体摸清后，也用土回填。1988年，遗址保护大厅正式动工，1993年底竣工。

根据二号坑的形状，大厅的平面略呈曲尺形，建筑面积17016平方米（包括二层的室内参观廊等），占地面积12000平方米。大厅的外观呈覆斗形，厅内的防火、防盗、通风等各项设施齐备。大厅的一层和二层四周设有参观廊，观众既可近距离观赏陶俑、陶马出土

○ 棚木遗迹（二号坑）

情况，又可以从二层的参观廊俯视俑坑的全貌。

1994年3月1日，我们开始对二号坑进行正式发掘。国家文物局对此次发掘十分重视，曾组织众多全国一流的考古学家对发掘方案进行论证，并成立了由国家文物局直接领导的五人专家组，负责发掘工作的指导和督察。国家对二号坑发掘工作的高度重视和殷切期待，让考古队的成员受宠若惊的同时也深感责任重大。

二号兵马俑坑的发掘分为三个阶段：第一阶段，清理俑坑上部覆盖的土层，把坑顶原来搭盖的棚木遗迹全部揭示出来，以显现俑坑顶部木结构的构建情况。第二阶段，清理俑坑北半部棚木层下的遗迹、遗物。第三阶段，清理俑坑南半部棚木层下的遗迹、遗物。

○ 棚木遗迹（二号坑）

全坑共划分20米×20米的24个发掘方，每个发掘方内又以十字形隔梁间隔成10米×10米的4个小区，以便控制地下遗迹、遗物的出土情况。

1994年3月10日至1997年底，第一阶段的发掘任务基本告一段落。1998年3月开始转入第二阶级的发掘工作。

通过这十余年艰苦细致的考古发掘，二号坑中间一道道的夯土隔墙，坑四周的边墙、门道、封门木，以及坑顶搭盖的面积近5000平方米的棚木遗迹已全部被揭示，俑坑的形制与内部结构的出土原状清晰地展现在人们面前。

二号兵马俑坑的形制比较复杂，平面呈曲尺形，东边有4个门道，西边有5个门道，北边有2个门道，南边无门道，门道均呈斜坡形。全坑东西长124米（包括门道），南北宽98米（包括北侧门道），距现地表深约5米。其平面结构，大体可分为如下4个单元。

第一单元位于坑的北部东端，即曲尺形的顶端，东西长26.6米（不含门道），南北宽38米，面积为1010.8平方米。它四周环有长廊；中部有4条东西向的过洞，过洞与过洞之间以夯土墙相隔。四周长廊内有立射步兵俑，中间的四个过洞内是跪射步兵俑，俑都面朝东方。

第二单元位于坑的南部，东西长52米，南北宽49米，面积为2548平方米。其东西两侧各有一条南北向的长廊，里面没有陶俑、陶马；两侧长廊之间有8条东西向的过洞，每个过洞内有前后依次排列的木质战车8辆，共有战车64辆。

第三单元位于坑的中部，其东端与第一单元西边的长廊相邻，二者间以夯土墙相隔，墙上开有小门以便相通；其南侧与第二单元相邻，二者间亦以夯土墙相隔，在隔墙的东端开有一扇小门与第二单元的长廊相通。此单元东西长 68 米（不含门道），南北宽 16 米，面积为 1088 平方米。有 3 条东西向的过洞，过洞内有 19 辆战车，每辆车后跟随若干步兵俑，最后以骑兵作为殿军。

第四单元位于坑的北部西端，其东端与第一单元相邻，二者间以夯土墙相隔，墙上辟门以资相通。此部分东西长 50 米，南北宽 20 米，面积为 1000 平方米。有 3 条以夯土墙相隔而成的过洞，过洞内有 108 骑骑兵俑。

以上 4 个单元各自相对独立，又密切相连，彼此间有门可以相通。这种布局从建筑学的角度考察，可以得知它是个建筑组群，由 4 个形制和大小各不相同的建筑单元组合一起，形成一座曲尺形的宏伟的地下建筑。4 个单元内的兵种和陶俑、陶马各不相同，说明各单元内的功能各异，其平面布局是完全根据军阵的实际需求部署的。

二号坑的立体结构和构筑方法与一号坑基本相同，其工程量亦十分巨大，粗略统计，其土方量约为 6.7 万立方米，所用木料约 2700 立方米，铺地砖约为 9 万块。

棚木多系自然腐朽、塌陷，故保存情况较好，一根挨着一根密集排列，倒塌的形状跌宕起伏，像一幅蕴含着历史沧桑的宏伟画卷。一号兵马俑坑坑顶搭盖的棚木，由于大火焚烧，仅存零星的炭迹以及遗留在一道道土隔墙上压印的凹槽，而二号坑棚木遗迹较完整地保存下来，因而显得弥足珍贵，为研究俑坑的建筑结构提供了实物

○ 骑兵俑出土情况(二号坑)　　　○ 跪射俑出土情况(二号坑)

资料。

　　在二号坑的发掘中，目前已出土陶俑、陶马约400件，有车兵、骑兵和跪射、立射俑等多种不同姿态的俑群。尤其可贵的是出土了一批颜色保存基本完整的彩色俑，使世人得以窥见兵马俑绚丽多彩的原始风貌。俑坑内的陶俑、陶马原来全部绘彩，由于经过焚烧，一号坑内陶俑、陶马身上的彩绘颜色基本上已经全部脱落，仅存少量的残迹；而二号坑是局部被焚，大部分系木结构腐朽自然塌陷，因此俑身上的颜色保存较好，颜色的种类有红、绿、蓝、紫、黄、黑、白等，多数颜料为天然的矿物呈现。经过研究，我们发现其施色方法是：在陶俑、陶马的表面先涂一层生漆作底，然后绘彩。陶俑中有的身穿绿色的上衣，下着天蓝色的长裤，外披赭黑色铠甲；有的身穿粉紫色的上衣，下着绿色长裤，外披赭黑色铠甲，甲上缀着白色的甲钉、朱红色的联甲带。秦俑服装的颜色多种多样，各随所好，不拘一格，色调明快、艳丽。这说明秦军没有统一颜色的军服，服装是自备的。

陶俑、陶马身上的彩绘颜色，因埋在地下两千多年，彩绘涂层中的一些成分已经老化或流失，有的变成粉状；生漆层则全部老化，失去了与俑体表面的黏附力。这给考古发掘和保护工作带来了极大的困难。我们需要用竹签或手术刀等小型工具轻轻地把覆盖的土层

○ 跪射俑出土情况（二号坑）

剥离，再用镊子夹小棉球清洗掉附在颜色层上的土。清理出一小片颜色后要立即用针管注射加固剂以防止颜色的脱落。对彩绘陶俑、陶马的发掘和保护，是一项精细的科学工程，不能有丝毫的粗心大意，不然将会造成无法弥补的损失。

二号兵马俑坑像部厚重的秦文化史书，蕴含着各种各样古文化的信息。在对二号坑发掘的过程中，我们发现俑坑内遗留有修俑坑工人赤足的足印、鞋底印，工具挖土的印痕；另外，还有工人烤火的痕迹以及暴雨冲刷的水流迹象，说明二号坑的修建曾历经数年寒暑，非短期内建成；俑坑的修建者是一批手持铁锸、赤足或穿麻履的下层劳动工人。

与此同时，考古人员在俑坑斜坡门道的底部发现向坑内运物时留下的车辙遗迹。其中西端北侧门道底部的一条轮辙痕引起考古人员特别注意。此条轮辙宽约4厘米，深0.5厘米，由西向东伸展，至一不规则形的小土坑内折回又绕着土坑的南边向东延伸。此轮辙无对应边，说明它不是双轮车，而是独轮车；当车轮陷入土坑无法前进时，也只有独轮车才能灵便地从坑内向后退回并绕坑而过。此推断如果无误，将是个重要的发现。以往认为独轮车是公元1至2世纪的东汉时才出现的，此轮辙证明远在秦王朝（公元前221—公元前206）时已有了独轮车。

因为在俑坑东、西两侧斜坡门道的底部车轮碾痕比较密集，想准确断定哪两条轮辙为一对是同一辆车十分困难。值得庆幸的是，在东边三号门道的下口向右侧转弯处，遗留有两两对应的三对（即三辆车）轮辙印痕，由此测得两轮的间距约为125厘米，据此推断车厢的宽度为90厘米左右。而二号坑出土的木质战车，其两轮的间距为190厘米，车厢宽120厘米，这也是秦代一般乘车的定制。说明上述轮辙的车是较秦代战车和一般乘车更窄狭的小型车。因为车太小，不宜用马牵拉，适合用人力推拉，这种车古名曰辇。

考古工作不同于挖宝，为了研究历史，恢复历史的原貌，在发掘过程中要极力搜集各种古文化的信息。有些信息稍不注意即会消失，那将是古文化研究的重大损失。

三号坑——结构复杂的指挥部

在完成了对三号兵马俑坑的勘探和试掘后，于1988年9月完成了1714平方米遗址保护大厅的建设，并于1988年12月1日开始对三号坑进行正式发掘，次年9月发掘工作结束。

通过细部清理，基本上弄清了该坑的建筑结构及陶俑、陶马的排列情况。其平面布局分为南、中、北三区。南区的平面是土字形，由廊道、甬道、前堂、后室四部分组成。廊道内有担任警卫的卫兵俑8件，甬道内6件，前堂内24件，后室内4件，这些俑均分作左右两侧面对面环卫形排列，戒备森严。廊道、甬道是供人员出入的通道；前堂的面积较宽广，应是议事和会见宾客的处所；后室的面积较小，应是统军将领的休憩之处。

北区的平面呈T字形，由前廊及后厅两部分组成。后厅有卫兵俑22件，分置于左右两侧，每侧11件做面对面夹道式排列。北区内出土有鹿角、兽骨，这些是祭祀用的遗物。古代作战之前要进行祭祀、祷告，祈求神灵保佑，克敌制胜，战绩辉煌，古人称之为"祷战"。

中区的平面呈正方形，有木质战车1乘，车前驾有4匹陶马。车通体髹漆彩绘，上部罩有伞状的圆形华盖。说明它不是一般的战车，而是装饰华丽、级别较高的指挥车。车后有武士俑4件，其中1件为驾车的御手俑，1件为军吏俑，另2件为甲士。古代车上的乘员一般只有3人，此有4人，为考古史上首次发现。根据古文献记载，在特殊的情况下为了加强护卫才会有4人乘的车，故名曰驷乘车。

在北区的前廊与后厅东口的交接处、中区与南区的交接处、南区的前堂与后室的交接处各有门楣木一根。门楣木上有的仍存有等距离的3个铜环，用来悬挂布帘，以资内外相隔各自形成一个独立的空间。

从以上种种迹象看来，三号坑的结构复杂，警卫森严，当是统率军队的指挥部，名曰军幕。古代将军领兵外出作战，因为没有固定的住所，只能临时搭盖帐幕作为住所及指挥战事的指挥部，名曰军幕，或曰帷幄。古文献中有关军幕的记载文字简略，对军幕的形状、内部结构和卫兵的部署等诸多情况都模糊不清，可以说是一片空白。三号坑的发现填补了这一空白，为我们提供了关于古代军幕形象具体的实物例证，对研究古代的军事史具有重要的学术价值，是考古史上的一个重大发现。

○ 三号坑南区陶俑的排列

◎ 三号坑中区的陶俑、陶马

俑坑之谜

前面我们分别介绍了三个俑坑的建筑结构和军事布局，可能还有读者会问：俑坑是什么时间修建的？是什么时候被谁焚毁的？为什么说兵马俑坑是秦始皇陵的陪葬坑？秦始皇为什么要用兵马俑来陪葬？这些问题也是考古队员在兵马俑发掘过程中经常思考和探索的问题。现根据已出土的遗迹、遗物，笔者就这几个问题做一简要的介绍和分析。

兵马俑坑是什么时候开始修建的？司马迁《史记·秦始皇本纪》说：秦始皇于公元前246年初即位后就开始修建陵墓，公元前221年统一六国后调集全国的徒工进行大规模的陵园修建工程，至公元前210年秦始皇死后葬于骊山北麓，修建工程前后历时36年。但是历史文献上对于兵马俑坑的修建没有记载，因而关于兵马俑坑是何时开始修建的，修建共用了多长时间，就成了人们迫切想知晓而又不易索解之谜。

在考古发掘过程中，一号坑曾出土一批带有纪年铭文的铜兵器，如三年、四年、五年、七年相邦吕不韦戈，十五年、十六年、十七年、十八年、十九年寺工铍等，这些纪年均属于秦始皇时代。上述纪年中时间最晚者为十九年寺工铍，即这件兵器是始皇十九年（公元前228）制造的。说明上述兵器放进兵马俑坑的时间最早不会早于始皇十九年。这距秦统一中国（公元前221）仅差7年，说明俑坑修建的时间大约在秦始皇统一六国后。

公元前210年七月，秦始皇在东巡途中突然病死于沙丘（今河北广宗大平台），同年九月埋葬于骊山，当时陵园的修建工程并未完工。公元前209年，农民大起义，起义大军一直打到秦始皇陵附近，修建陵园的工程被迫停工，工人被调去与农民军作战。在考古勘探的过程中，我们曾在一号坑的中部北侧及二、三号坑之间发现一个未建成的四号坑，坑内未放置陶俑、陶马，也未见砖铺地面及立柱、棚木等遗迹，这当是被迫停建的工程之一。由此可知兵马俑坑的修建前后大约历时十余年（公元前221—公元前209）。这是一个约略性的推论，其确切的修建年数有待考古新资料的发现和研究。

俑坑被焚毁的原因，是一个长期困扰人们的难解之谜。

当人们走进一号坑遗址保护大厅后，会发现俑坑内许多木柱以及坑顶棚木已全部被焚毁，变成一堆堆的木炭或灰迹；局部边墙被烤成橘红色；个别陶俑的上体被烧毁。在二号坑也发现局部被焚毁。三号坑虽系木质自然腐朽塌陷，但在塌陷前也曾遭人为的严重破坏，陶俑、陶马被打碎。那么，兵马俑坑是何时、被何人焚毁的？

对此问题学者们进行了多方探讨，众说纷纭。有的认为是由于俑坑的沼气而引起的自燃焚毁，但这种说法证据不足。因为沼气是由腐殖质的有机物产生，俑坑内放置的是陶俑、陶马及大量青铜兵器，不具备产生沼气的条件。

也有的认为是秦人出于葬仪的需要而自己焚毁。但从考古已发

○ 一号坑烧焦的木板 　　　　　○ 二号坑烧焦的木板

现的数千座墓葬资料来看，秦人没有自焚的葬仪制度，史书上也没有这种记载。如果说是采取自焚的葬仪，那么三个坑都应在自焚之列，但为什么三号坑没被焚烧？而且在秦始皇陵内已发现180余座陪葬坑，除少数几个坑被焚外，绝大部分陪葬坑也没有被焚烧。因而出于葬仪自焚的说法证据不足。

　　目前国内外绝大多数学者认为俑坑是于秦王朝末年被项羽的军队焚毁的。《史记·秦始皇本纪》记载：秦始皇死后的次年农民大起义，公元前206年秦王朝灭亡。项羽的军队杀死秦王子婴，"遂屠咸阳，烧其宫室，虏其子女，收其珍宝货财"。秦始皇陵内大量的地面宫殿建筑均于此时被焚毁，至今仍可看到地面上堆积着很厚的砖瓦残片、红烧土块以及炭烬、灰迹等。兵马俑坑距被焚的宫殿区仅约千米，且俑坑的顶部高出地表容易被发现，因而判断俑坑就是在当时与陵园的宫殿建筑一起被焚毁的。俑坑被焚塌陷前曾遭人为的严重破坏，坑内的兵器及车马上的金、银质装饰件被抢劫，一、二号坑内的陶俑、陶马局部受到破坏，三号坑内的陶俑被打成碎片。这绝非几个人的行为，当是项羽的军队先对俑坑进行了抢掠，然后放火把俑坑烧毁。

那么，兵马俑坑是用来干什么的？为什么说它是秦始皇陵的陪葬坑？随着考古工作的深入开展，这个问题逐渐明朗。我们找到的根据有如下六点。

第一，在俑坑，我们发现了23件刻有秦始皇纪年铭文的出土铜兵器。其中有秦始皇三年吕不韦戈2件，四年、五年吕不韦戈各1件，七年吕不韦戈2件；秦始皇十年寺工戈1件；秦始皇十五年寺工铍3件、十六年寺工铍1件、十七年寺工铍6件、十八年寺工铍1件、

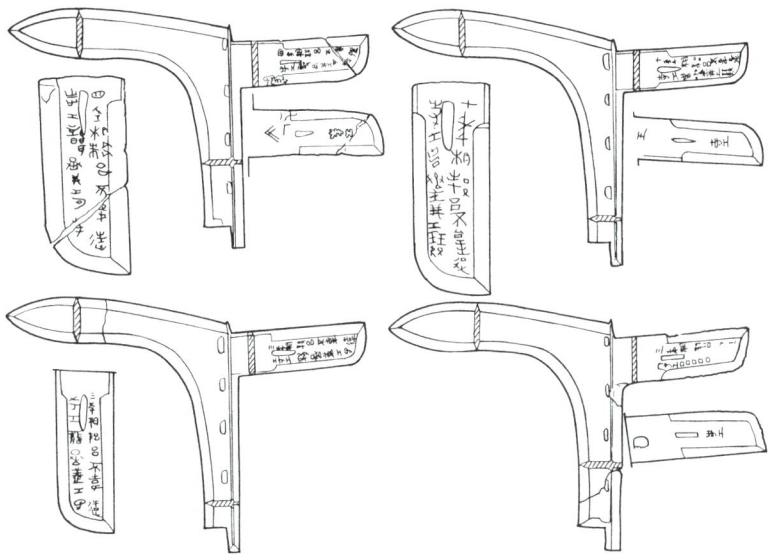

○ 号坑铜戈铭文

十九年寺工铍5件；另有寺工矛、寺工镦16件，络头（俗称马笼头）上亦有朱书"寺工"二字。

吕不韦是秦始皇时代的相邦，掌管着全国的军政大权，由其督造的兵器上一律刻上"吕不韦造"。如秦始皇三年戈的铭文有这样一段："三年相邦吕不韦造，寺工詟、丞义、工窎。""吕不韦"为督造者，"寺工"是制造兵器的中央官署机构名，"詟"为该机构的长官，"义"是詟的副手（名曰丞），是兵器的主造者，"窎"为具体制造兵器的工人。值得注意的是"窎"这位工人，在俑坑出土的十五年、

○ 铜戈上的铭文(一号坑)

○ 咸阳高等刻文(一号坑)

十七年、十八年的8件寺工铍的铭文中，仍能见此工人名，说明上述寺工铍的纪年均为始皇的纪年。"寺工"一名始见于秦始皇二年"寺工师初壶铭文"，是当时主造兵器、铜器和车马器的中央官署机构。俑坑出土的约40件带有寺工铭文的器物（包括6件吕不韦戈），均属于始皇时代。

第二，兵马俑坑出土的砖上已发现戳印的陶文70余件。这些陶文与秦始皇陵出土砖瓦上的陶文完全相同；砖的形制、规格和纹饰亦完全相同，都是秦始皇时代的中央官署制陶作坊烧造的。

第三，兵马俑坑出土的陶俑，与秦始皇陵其他一些陪葬坑出土的陶俑的造型风格和制作工艺基本相同。陵园内百戏俑坑出土的3号俑的足踏板上刻有陶工名字"高"；一号兵马俑坑出土的一件俑的足踏板上亦刻有陶工名字"高"，另有一俑的身上刻"咸阳高"三字。"高"是来自咸阳地区的陶工名。他参与了兵马俑的制作，又是始皇陵园百戏俑的制作者。两处陶俑的作者为同一人，其作品的年代必然相近，其所制作的陶俑都是为秦始皇做陪葬物的。

第四，秦始皇陵区的范围宏阔，陵域占地面积为56.25平方公里；文物分布密集区19.2平方公里，其核心区（外城垣以内）为2.135平方公里。兵马俑坑位于陵园东侧1050米处，在陵区的范围内。俑坑的南侧有防洪堤遗址，西侧有马厩坑、陪葬墓，北侧有铜禽坑，东侧有窑址和修陵人员墓等。目前在陵域内已发现陪葬坑180余座，兵马俑坑是这众多陪葬坑中的有机组成部分。

第五，兵马俑坑出土的陶俑身上发现有"宫得""宫藏""宫欶"

等陶工名，这些人名亦见于始皇陵墓周围出土的砖瓦上，同名者当为同一人。

第六，二号坑东南角的砖铺地上及二号坑南部的棚木上、覆土下，各出土半两铜钱一枚，是修俑坑时人们遗漏的，其时代为秦王朝时期。

○ 修陵人墓地出土的瓦文

○ 半两铜钱

　　以上证据说明，兵马俑坑是秦始皇陵的陪葬坑，这一点已得到国内外广大学者的认同。

　　那么，秦始皇为什么要用兵马俑来陪葬呢？

　　中国人从原始社会起就有一种带有宗教性质的传统观念，认为人死后灵魂不灭。死是一种生活方式的转化，生前在阳世间生活，死后转入阴世间生活。因此对待死人要像对待活人一样，所谓"事死如事生""事亡如事存"，人生前所拥有的一切死后也要有。随着社会的发展，厚葬之风愈演愈烈，地位高贵的富豪之家则棺椁数重，从葬的各种器物、衣被、车马和奇珍异宝等物数量众多，有的达千件之多。

　　秦始皇生前是皇帝，自认为死后仍是地下王国里的皇帝，因此生前所拥有的一切死后也要有。例如，秦始皇生前住大宫殿，死后就要修一座地下宫殿式的大坟墓。生前他出行时要坐车，有声势浩大的车马仪仗扈从，死后他则用铜车马来从葬。秦始皇生前喜欢游猎，死后则用珍禽异兽坑来陪葬。秦始皇生前在宫廷中有各种各样的娱乐活动，死后则用百戏俑坑来从葬。（以上所提到的各种陪葬坑在始皇陵园内均已发现，详见本书最后一章。）秦始皇生前所在的国都咸阳有大批军队守卫，死后则用八千件兵马俑来陪葬，保卫其亡灵及地下王国的安全。

　　秦始皇时代负责京城守卫之职的中央军有三种：一种是秦始皇的贴身卫队，由郎中令统领，负责宫殿内的警卫。当秦始皇在宫殿内处理政务时，卫兵就在殿前的台阶下守卫；秦始皇出行时，则充当车骑扈从。二是守卫宫殿门的卫队，由卫尉统领，其职责是保卫宫殿区的安全。三是守卫京城的部队，由中尉统领。这支军队阵容庞大，平时负责保卫京城的安全，战时则服从调遣参与作战。

以上三种中央军，兵马俑属于哪一种？对此，目前学术界认识不一。不过大多数学者认为兵马俑是守卫京城的部队，名屯卫军（又名宿卫军）。秦始皇陵坐西面东，正门在东边，而三座俑坑正好位于秦始皇陵外城垣的东侧，即正门外司马道的北侧，相当于屯驻在京城之外，其方位显示其职责是担任京城的警卫。三座俑坑应该是这支守卫京城部队的组成部分，一号坑为右军，二号坑为左军，三号坑是统率一、二号坑军队的指挥部。

这里似乎还缺少中军，因为秦代军队的编制一般分为左、中、右三军加上一个指挥部，是否有中军存在呢？前文我们曾经提到，在一号坑的中部北侧及二、三号坑之间，有一个未建成的四号坑，因秦末农民大起义而被迫停建，坑内未放陶俑、陶马，因此人们在计算兵马俑坑时都不把此坑算在内。但是我们在探讨军队的编列时却不能不提，因为这四号坑所处的位置正好是中军所在地，也就是说四号坑是正在建设中的中军。这样，四个坑就形成了完整的军阵编列体系。

秦代守卫京城咸阳的军队数量众多。据史书记载：公元前209年，秦二世皇帝胡亥从地方上一次就征调"五万人为屯卫咸阳"。因聚集的人太多，"当食者多，度不足"，令各郡县向咸阳运送粮食和草料，并令运送粮草的人要自带食粮，不得食用咸阳三百里内的谷物（《史记·秦始皇本纪》），可见屯卫咸阳的宿卫军数量庞大。

中国古代各王朝所在的京城都有大量军队守卫，如西周时驻屯于西京（今陕西西安）的"西六自（师）"和驻屯于成周（今河南洛阳）的"成周八自（师）"，以及西汉王朝守卫京城的北军，都是屯卫军。秦都咸阳设置屯卫军并非秦朝新创，但秦始皇死后用八千兵马俑作为守卫其地下王国都城的宿卫军，却是世所罕见。这一葬仪为西汉所承袭，如陕西咸阳杨家湾汉墓陪葬坑出土了3000件兵马俑，江苏徐州市狮子山汉墓陪葬坑出土了4000件兵马俑，但它们的规模还是无法与秦俑坑相比。

⊙ 一号兵马俑坑（局部）

3 庞大的地下军团

秦朝是中国历史上著名的军事强国，拥有战车千乘，骑兵万骑，步兵百余万。秦始皇凭借这支强大的武装力量及雄厚的财力，以秋风扫落叶之势兼并六国，完成了统一中国的大业，建立了中国历史上第一个统一的多民族中央集权制封建帝国。

　　三座兵马俑坑内埋藏有约8000件兵马俑，有战车、骑兵和步兵俑等三大不同的兵种，是秦国庞大军队的缩影。这些俑形体高大、形象逼真，与现实中的军队几乎完全相同。秦国的战车、骑兵和步兵是什么样子的？装备如何？军队怎样编列？各种兵器如何配备组合？兵马俑坑的发现使人们对这些问题都有了具体形象的认识。

雄伟的战车

　　战车是战争的工具。夏、商、周及春秋时代的战争主要是车战。到战国和秦王朝时由于骑兵和步兵这两个独立兵种的出现，变成车、步、骑三个兵种混合作战，战车部队仍然是战争中的一支重要力量。

　　秦始皇陵兵马俑坑内共有战车130余乘，其中一号坑内有战车40余乘，二号坑内有战车89乘，三号坑内有战车1乘。由于俑坑曾经经历人为的焚毁和塌陷，因此出土的车迹十分凌乱，但是我们经过复原，仍可了解战车的原貌。

俑坑出土的战车均为木质，其大小与结构和真实的战车完全相同。车为单辕、双轮，前驾四匹陶马。车舆宽140厘米，进深120厘米，四周围有高30～40厘米的栅栏，后边辟门。舆底在木构的框架上用皮条编织成席子形，富有弹性，可减缓人在车内所受的颠簸之苦。轮高134～136厘米，有轮辐30根。秦代的战车均为立乘，即人站立于车上，因此车上没有车盖、没有屏帷，即古书上所说的战车"不巾不盖"。车舆的前半部有一根两端下折呈"⌐"形的横木，名曰轼，供人车上以手扶持。

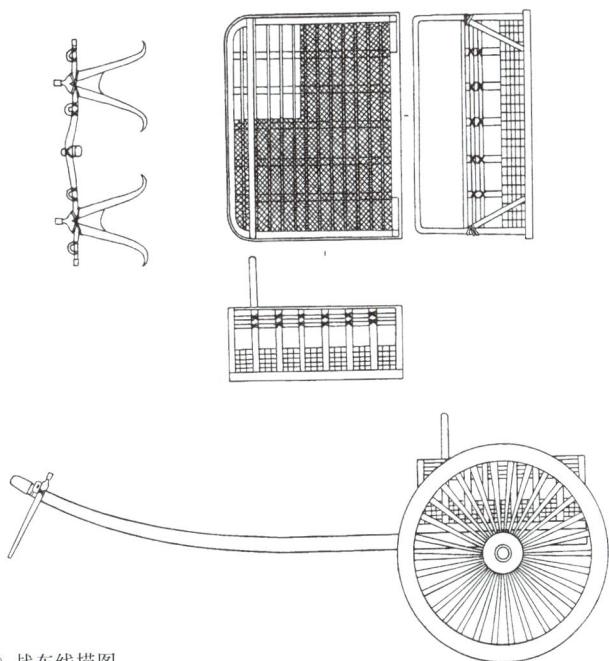

○ 战车线描图

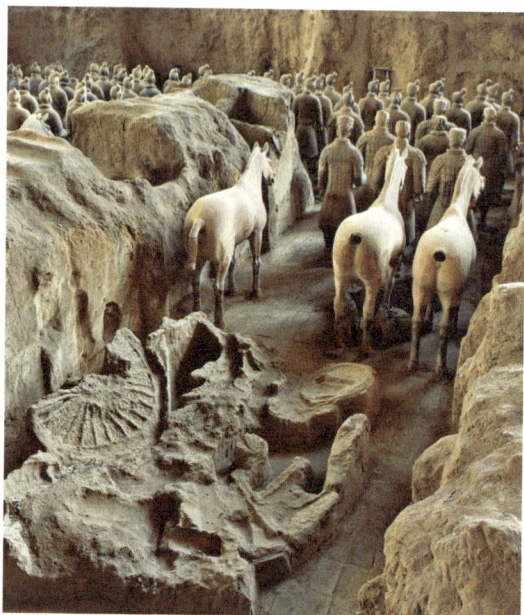

○ 战车遗迹(一号坑)

　　车前驾的四马，中间的两匹马叫服马，两侧的马叫骖马。两匹服马的肩颈处各放一具人字形的马轭，轭捆缚于车辕的衡（即车辕前端的一根横木）上，在轭靬内侧的人字形头上连接一根鞙绳（拉车的动力绳）。服马在负轭时即牵动衡、辕，带动轮轴载着车舆前行。两匹骖马的胸部也各套着鞙绳，佐助服马拉车。这种四匹马拉车的方法称为轭靬式系驾法，服马是用肩胛的力量拉车，骖马是用胸肌承力拉车。较古代西方用缚在衡上的颈带套在马脖子上的颈式系驾法，该种系驾法更先进。因为颈带压迫马的气管，马奔愈疾，则呼吸愈困难，马力无法充分发挥。中国的系驾法不压迫马的气管，马力可充分发挥。

以往由于实物资料的缺乏，人们一直认为拉车的四匹马中只有骖马拉车用靷，服马无靷，并认为骖马的靷是双靷。俑坑出土的战车及秦陵铜车马的实物证明，骖马和服马都有靷，而且都是单靷。单靷虽不如双靷挽车用力易于平衡，但双靷要到汉代随着双辕车的盛行才发展起来。用单靷挽车是中国古代单辕车盛行时的特征。

秦俑坑出土的战车，因车上士兵数量和职责的不同，大致可分为以下四种。

第一种是指普通战士乘的车，名轻车。战车上有3件甲士俑，其中1件为御手俑，立于车之中间，负责驾御车马；另2件分列于御手俑的左右两侧，名车左、车右，负责与敌格斗。车上配备有弓弩，以及戈、矛、戟等长柄兵器。远战则用弓弩射击，近攻则用戈、矛、戟等厮杀格斗。

战车上的3名甲士以御手为车长，名甲首。御手需要驾御车马前进、后退，或左旋、右旋。他立在车上目标较大，易于被敌人攻击；他一旦受伤，车马便会失去控制，队形混乱，导致战争失败。所以御手的防护装备一定要坚实。二号坑出土的御手俑，身穿铠甲，双臂的护甲长及手腕，手上有护手甲，颈部有护颈甲（古名盆领），腿部有护腿。这种重装备为考古史上首次发现。

车左和车右两名甲士的防护装备相对轻便，身上穿的铠甲的护肩甲（古名披膊）仅盖住肩部，无护颈甲及护手甲，这样便于灵活地操持兵器进行格斗。

第二种是指挥车。秦俑坑已出土指挥车6乘，车上亦有陶俑3

○ 车左俑　　　　　　　○ 御手俑　　　　　　　○ 车右俑

○ 战车上的铜甬钟及鼓遗迹　　　　　　○ 战车上的铜甬钟(一号坑)

件，其中1件为高级军吏俑，另2件分别为御手俑和车右俑，车上悬有钟、鼓。

高级军吏俑身穿彩色鱼鳞甲，头戴鹖冠，其职责是指挥作战。鼓是指挥军队前进或与敌军厮杀的号令，所谓"鼓之则进，重鼓则击"。钟是指挥军队收兵及退兵的号令，所谓"金之则止，重金则退"。战士不听从鼓、钟指挥者要受到严惩，所谓"鼓失次者有诛"，不听钟声指挥者有诛。钟、鼓指挥关乎战争的胜负，掌握钟、鼓者即使受伤也不能擅离职守。公元前589年，晋与齐国之战，晋军的将领郤克"伤于矢，流血及屦，未绝鼓音"（《左传·成公二年》）。

指挥车上的御手俑身穿铠甲，头戴长冠，双臂前举紧握辔绳，

○ 御手俑（一号坑）

以控御车马。指挥车是作战的灵魂，御手的责任重大。他除了驾御车马外，在特殊情况下亦可替代将领掌握钟、鼓。如前面提到的晋与齐军之战，当时郤克为将领，解张为御者，郑丘缓为车右。战争开始后，解张的手及肘部被敌军的弓箭射中，解张把箭矢拔除"以御，左轮朱殷"；后来郤克亦受伤，且伤势严重，解张"左并辔，右援枹（鼓槌）而鼓，马逸不能止，师从之，齐师败绩"，晋军大获全胜。（《左传·成公二年》）

指挥车上的车右俑亦身穿铠甲、头戴长冠，手持戈、矛等兵器。车右的职责主要是与敌人格斗，保护将帅的安全。如果车遇泥泞，车右要下来推车；如遇沟渠险路，车右要下车扶持，以防车辆倾覆。同时车上配备有锤、凿等工具以备修车之用。

第三种是佐车，又名副车。二号坑的骑兵阵前端出土这样的战车6乘，但每乘车上只有武士俑2件，一为御手俑，一为车右俑，且二人均身穿铠甲、头戴长冠，与指挥车上的御手俑和车右俑的装束相同，说明车的级别较高。秦代战车一般都有3名乘员，但这些车上只有2人，少了1人，所缺者为左侧的1人。左侧当为军吏所处的位置，如果军吏尚未登车左侧即会空缺，名曰虚左。古代军队中的将领是备有佐车的。公元前7世纪末，鲁庄公与宋人战于乘丘（今山东济宁市兖州区西北），庄公乘的车马受惊，庄公从车上坠落，于是佐车授绥，庄公上了佐车才幸免于难（《礼记·檀弓上》）。这6乘车位于骑兵阵前端，可能是为骑兵将领准备的佐车。

第四种是驷乘车。三号坑出土的1乘战车，车上有武士俑4件，

○ 三号坑的驷乘车

一为军吏俑，一为御手俑，另2件为甲士俑。车軨漆彩绘，说明车的级别较高，不是一般的战车。

古代的战车和乘车一般只有3名乘员，而有四人者在古文献中只有个别的几例，如：齐侯伐卫，其殿军的帅车四人共乘（《左传·襄公二十三年》）；卫国内乱，卫公逃逸时其车驷乘（《左传·昭公二十年》）。四人共乘的车称为驷乘车，这是在特殊情况下为了加强护卫而增为四人共乘。三号坑是统率一、二号坑军阵的指挥部，其指挥车上增加一名甲士当是为了加强护卫力量。这辆驷乘车为考古史上首次发现的一例，弥足珍贵。

古代战车的驾御方法与一般乘车稍有不同，一般乘车上的御手是坐在车上驾御，而战车上的御手则是站在车上驾御。因为战场的形势瞬息万变，车马或飞速奔驰或急速左旋右旋，必须使车马顺遂人意，稍一疏忽或行动迟缓，即会造成队形混乱，导致战役失败。人站在车上行动灵便，控御得力，视野开阔，易于使车队保持整齐一致。

御手控御车马主要是靠马缰（辔）和衔、橛（带刺的棒状物）、策等驾具。御手牵动马缰，连动含在马口中的衔、橛，使马随人意。御手要经过四年严格的训练。睡虎地秦墓出土的竹简《秦律杂抄·除吏律》记载：驾者已学习四年仍不能驾车，罚负责教练的人一盾；驾者本人应免职，并补服四年内应服的徭役。

战车上的另外2名甲士（车左、车右），手持兵器与敌格斗，亦必须立乘。这些甲士也是经过严格选拔的。《六韬·武车士》说："选车士之法，取年四十以下，长七尺五寸（1.73米）以上，走能逐奔马，及驰而乘之，前后左右上下周旋，能束缚旌旗，力能彀八石（241.9千克）弩，射前后左右皆便习者，名曰武车之士。"秦实行的是徭役性兵役制，达到服兵役年龄的男子都要接受军事训练，战时应征入伍。所以秦军是一支训练有素、富有战斗力的部队。

古代车战是战车与徒兵结合，每辆战车后都配备一定数量的徒兵（即隶属于战车的步兵）。行军时"车驰卒奔"；作战时，战车在前，徒兵在后；遇到地形险阻战车不易发挥作用时，则把徒兵分成三组，置于战车前、左、右，实行夹辕而战。战车与徒兵结合构成一个最基本的编制单位。

○ 御手俑及步兵俑(一号坑)

○ 战车前的武士俑(一号坑)

每辆战车后跟随多少徒兵，历来说法不一，有10人、20人、30人、72人等不同说法。从考古发现的金文及多数古文献资料来看，西周和春秋时代一乘战车有徒兵10人可能是通常的编制。战国时步兵已成为独立的兵种，这时每乘战车后跟随的徒兵数量似有变化，随实战需要而有增减。

那么，让我们来看看兵马俑坑出土的战车和徒兵的组合情况。以二号坑中部车徒结合的长方形军阵来看，它共有战车19乘，其中有14乘车后各随徒兵俑8件，位于军阵的前部，是军阵的主体；有3乘车后各有徒兵俑28件；另有2乘车后各有徒兵俑32件，他们位于军阵的后部，是为殿军。其中还有一乘高级军吏俑的指挥车，当是为了加强指挥车周围的护卫力量，故在车后有徒兵俑28件和32件的配置，其常态配置应是徒兵俑8件。

二号坑的右侧有一个由64乘战车组成的车阵，每乘车后均未配置徒兵。推测其原因，可能是因为战国晚期至秦王朝时是车、步、骑联合作战，车后是否跟随徒兵是根据实战的需要临时配置，故才会出现这种无徒兵的纯车阵。

由上可见，随着时代和战争形势的发展变化，车、徒结合及车后跟随徒兵的数量也在变化，并不固守一种模式。但有一点是可以肯定的：古代的车战，车后一定要配置徒兵。在广袤田野作战时，战车在前面冲击，把敌军的队形冲垮，徒兵需要跟进厮杀以扩大战果。而在地形崎岖、战车不易发挥威力时，徒兵要保护战车实行"夹辕而战"。车、徒密切配合才能保证在不同地理形势的战场上灵活作战，取得克敌制胜的战果。

关于战车上的武器装备及战法，由于兵马俑坑尚未全部发掘，战车上是否都配备有兵器，目前尚不能确知。但是在秦代，一乘战车上确实是配备有弓弩、殳、矛、戈、戟等五种兵器，从兵马俑坑已出土战车的车迹附近有成束的铜箭镞，车上的车左俑和车右俑的手均作持戈、矛等兵器状，说明车上也配备有弓弩及戈、矛等兵器应该是可以肯定的。

至于车上士兵的作战方法，古籍中有"兵车之法，左人持弓，右人持矛，中人御"（《诗·鲁颂·閟宫》郑玄笺）及"车左，左方主射""车右，勇力之士执戈矛以退敌"（《尚书·甘誓》孔传）的

○ 战车的车轮遗迹（一号坑）

说法。但是从兵马俑坑出土的实际情况来看，与此说法并不相同。俑坑中的车左和车右俑虽均持戈、矛等兵器，车上并配有弓弩，但并无车左持弓、车右持矛之分。试想一下，战车对战车交锋时，双方的战车各自排成横向的队形向对方冲击，当与敌方相距太远时，戈、矛发挥不了作用，自然要用弩射击。而当双方战车迫近互相冲击时，是错毂而战，此时弓弩发挥不了作用，自然要用戈、矛作战，车左和车右手持戈、矛从战车的两侧与敌格斗，所谓左攻于左，右攻于右。如果按照"左人持弓，右人持矛"的说法，车左就会形成

○ 弩弓遗迹(一号坑)

战斗死角，使左侧失去战斗力。

　　古代车战的战术是发展的。殷周和春秋时期，车战一般要待双方都列好阵形后，才能击鼓为号发起攻击。当时有个规则叫作"不鼓不成列"。《左传·僖公二十二年》记载了这样一个有趣的故事：宋襄公与楚人战于泓（今河南柘城西北），宋军已列阵，而楚军尚未渡过泓水河，此时有人建议请击之；宋公曰："不可。"楚人渡过河尚未列阵，有人又建议请击之；宋公曰："不可。"待楚军从容列阵后，宋军才发起进攻。结果宋军大败。国人皆怨宋公失去战机而遭败绩。宋公曰："古之为军也……不鼓不成列。"如此呆板的战术，

○ 铜弩辄

○ 戟（一号坑）

成为后人耻笑的典型。到了春秋晚期尤其是到战国时，车战的战术发生了巨大的变化，出现了出其不意的偷袭、伏击、侧袭、避实击虚等各种各样的战法。由于出现了车、骑、步兵联合作战，战术更是变化多端。

　　殷周和春秋时期，战车对战车的战法是双方的车队互相冲击，一旦把对方的车队冲散使其失去战斗力，则取得胜利。这时的战争是击溃战、速决战。战国时有车对车的作战，亦有车对步兵或骑兵的作战。战车的基本战法仍然是冲击战。马拉战车利用其速度所带来的巨大冲击力向敌军冲去，会给敌军造成巨大的威胁。但当时由于战场的扩大，参与的兵种和参战人数众多，一场战争的时间拖长至数月乃至一两年。这时的战争已不是击溃战和速决战，而变成战役时间拖延较长的歼灭战。

剽悍的骑兵

　　在二号兵马俑坑北部，有一列长方形的骑兵俑阵，有鞍马 116 匹，每匹马前有一牵马的骑士俑。马的大小和真马相似，身长约 2 米，通首高 1.72 米。马背上雕有鞍鞯，头上戴着络头、衔、缰。骑士俑身高 1.8 米左右，一手牵马缰，一手持弓弩。俑和马的造型准确，形象逼真，是秦国骑兵形象的真实记录，也是中国考古史上发现数量最多、时代最早的骑兵俑群。它的发现，使人们对秦骑兵的装备、骑兵队形的编列等许多问题获得了新的认识，是研究中国骑兵发展史的宝贵资料。

○ 骑兵俑(二号坑)

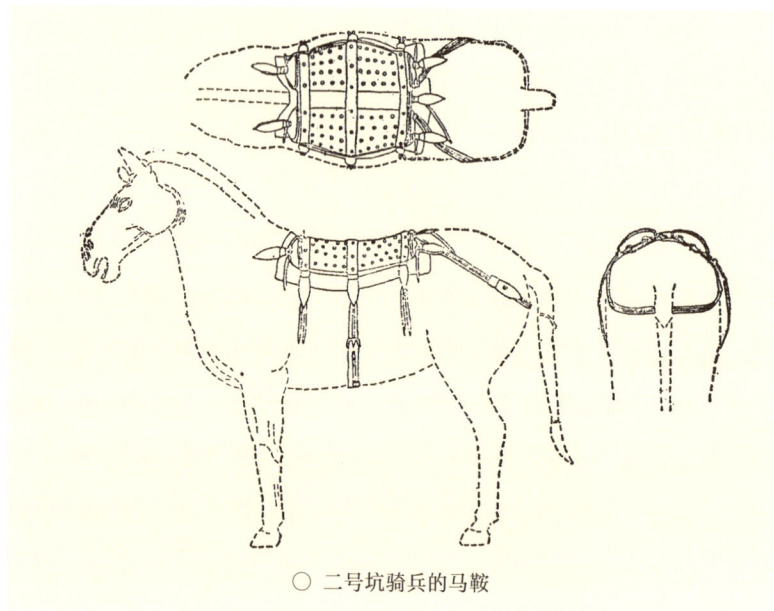

○ 二号坑骑兵的马鞍

　　我们先来看一下秦骑兵的装备，研究一下马的鞍具。

　　从马雕塑和纹饰来看，马头上均戴着络头、衔镳、缰索；马背上雕着两端微微高起的低桥鞍，鞍的后端有革带攀绕于臀部，鞍下有鞯。

　　骑兵鞍具的发展大体经过四个阶段：一是没有马鞍，骑裸背马；二是在马背上放置一个褥垫或坐垫；三是低桥鞍，鞍下有鞯；四是高桥鞍，鞍鞯上有许多装饰件。二号坑骑兵的鞍为低桥鞍，两端略略隆起、中间低凹，是鞍的初级形态。鞍用肚带固着于马背上，并有后鞧攀绕马臀，防止鞍向前方滑动。但鞍上没有攀绕马胸的胸带，易于向后滑移。

中国的马鞍是何时出现的？以往由于缺乏实物证据，人们对这一问题的认识并不清晰。二号坑骑兵鞍的发现，说明战国晚期至秦王朝时已有了低桥鞍。如果再往前追溯一下，战国中期之末赵武灵王实行"胡服骑射"组建独立的骑兵部队时，可能已有了类似二号坑出土的低桥鞍样的马鞍，或更原始的鞍的雏形。

高桥鞍在东汉时出现，但鞍桥高而直，人坐上不便后仰。至唐代才改为后桥向后倾斜的高桥鞍，至那时马鞍的形状基本定型。

在俑坑出土的马鞍上未见马镫。马镫出现的时间较晚，湖南省长沙市西晋永宁二年（302）墓出土的釉陶骑俑，在鞍的左侧系镫，右侧则无，为单镫，仅供上马时踏足用，这是目前发现最早的马镫。东晋十六国时出现了双镫。而隋唐时，马镫的形制又有改进并趋定型。双镫的出现，标志着骑马马具的完备，在骑兵发展史上具有划时代的意义。骑士双足踏镫，可以借助小腿的动作熟练地掌控坐骑，把双手解放出来，便于灵活地操持兵器，提高杀伤力。有了马镫，骑者在马急速奔驰时也可减少从马上跌落下来的危险，使骑者与马更为匹配。

二号坑出土的骑兵马的马鞍是低桥鞍，鞍上无镫，说明当时骑兵的鞍具尚不完备，属于骑兵发展的初级形态。

骑士俑的服装、甲衣与车士俑、步兵俑不同，它显示秦朝已设计出更利于作战的骑兵服装，这在骑兵发展史上是一大进步，开了中国军事装备史上不同兵种配备不同装备的先河。

在俑坑中，车士俑和步兵俑身穿交领、右衽长度及膝的长衣、

○ 骑兵俑（二号坑）

长襦，双襟博大交掩于背后，形如圆筒。穿这种服装坐车、步行尚可，举足上马则不便。骑兵的上衣衣襟较小，双襟交掩于胸前右侧，衣长及膝，窄袖口，腰束革带；下身穿长裤，裤脚有紧口带束住足腕；足蹬靴，头戴圆形小帽（皮弁），帽上有带系结于颔下，以防马飞驰时帽子被风吹落。这种服装非常适合骑兵：衣襟在身体的右侧形成开口，便于举足抬腿上马，坐在马上双腿也易于叉开；连裆长裤亦便于坐乘。这套轻便的服装，即是公元前307年赵武灵王改服制，令国人习骑射之"胡服"。秦之骑兵沿袭了胡服的形制。这一发现，为以往一直模糊不清的胡服式样提供了具体的实物例证。

骑兵俑的甲衣也与车兵、步兵的甲衣不同，它较后二者的甲衣短，长度仅及胸腹，人骑在马上甲衣的下摆不会与马体接触，双肩无护肩甲，双臂活动比较灵便。这种短小的筒子甲，为骑兵所独有。

骑兵俑均作持弓弩状，俑的附近同时有铜镞、弓等出土，说明秦代的骑兵备有弓弩，与赵武灵王教国人穿"胡服"、习"骑射"的情况相同。从战国到秦王朝，骑兵配备的武器主要是弓弩。《史记·项羽本纪》记载：楚汉相争时，"汉有善骑射者楼烦，楚挑战三合，楼烦辄射杀之。项王大怒，乃自被甲持戟挑战"。项羽被困于垓下（今安徽灵璧东南沱河北岸）时，"乃令骑皆下马步行，持短兵（即剑）接战"。这说明骑兵的武器有弓弩、长戟和剑。因俑坑尚未全部发掘，骑兵是否配有长戟和剑，尚不确定。

弓弩利于中远距离的战斗，近斗则不易发挥威力，所以骑兵还要备有近距离格斗的兵器。剑利于刺杀，砍杀则易断折。而骑兵疾驰如风，只有长刀挥臂砍杀威力才大。但是战国和秦王朝时还没有长刀。西汉武帝时，骑兵成为作战的主力兵种后，长刀才应运而生。但中远距离仍然要靠弓弩，所以弓弩一直是骑兵的主要利器。

秦朝时对骑兵及其战马都要做严格的遴选。先来说说马的遴选。

秦骑兵的马要经过严格的选拔与训练，所用的马都是从各县牧养军马的马场中遴选。选拔的标准及方法是：马的高度在五尺八寸（1.33米）以上；马要经过严格调教训练，无论奔驰还是系羁时都要听从骑者的指挥，否则掌管军马的县司马、县丞、县令要受罚；选中的马送到军队后要再次进行考核，如果马被评为下等，县丞和县令都要受罚，县司马会遭遇革职并永不再被录用的命运。（见睡虎地秦简《秦律杂抄》）

二号兵马俑坑出土的骑兵马均为雄性，膘肥、劲健，通首高1.72米，至鬐胛高1.33米。马高的测量应以鬐胛为准，因马头的高低不易固定。俑坑骑兵陶马的高度与秦律规定的标准完全相同，这反映了陶马是以秦骑兵的真马作为原型塑造的。马的个头不大，头部宽博，项较粗短，是力速兼具的河曲马，至今甘肃洮河的养马场内仍有这种马。

秦朝的骑士是从士兵中选拔的，湖北云梦睡虎地秦简《秦律杂抄》说："先赋蕣马，马备，乃粼（遴）从军者。"这句话的意思是说：先征调骑兵的马，马齐备后，再从兵卒中选拔骑士。选拔骑士的标准，《六韬·武骑士》说："选骑士之法，取年四十以下，长七尺五寸以上，壮健捷疾，超绝伦等；能驰骑彀射前后左右，周旋进

○ 骑兵俑(二号坑)

退，越绝堑，登丘陵，冒险阻，绝大泽，驰强敌，乱大众者，名曰武骑之士，不可不厚也。"这就是说充当骑士的条件有如下几点：（一）年龄在四十岁以下的青壮年男子；（二）身高在七尺五寸（1.73米）以上；（三）躯体健壮，行动敏捷；（四）驰射技艺娴熟；（五）善于控制坐骑，周旋进退、驰驱自如，并能越险阻、绝大泽；（六）机智、勇敢。这说明选拔骑士非常严格、要求很高。

俑坑出土的骑士俑身高都在1.8米左右，体形匀称，身体修长，英姿勃勃，是英俊、机敏的青壮年男子的形象。从战国以来，秦国普遍实行征兵制，适龄的青年男子首先要在地方上受一年军事训练，习射御、骑驰、战阵，并经过严格考核才能选用。骑士是从受过骑射训练的兵卒中录取。骑兵，古人称为离合之兵，能离能合，能散能集，百里为期，千里而赴，行动轻捷。秦国有精良的骑兵约万骑，在统一六国的战争中发挥了巨大的威力，这与秦国对战马和骑士的精心遴选和严格训练是分不开的。

在二号坑左侧有一骑兵俑排列的长方形军阵，军阵分为阵首和阵体两部分，阵首由两列战车及一列骑兵组成：一、三两列为战车，每列有战车3辆；第二列有骑兵3组，每组4骑，3组共12骑。阵体部分有骑兵8列，每列有骑兵3组，每组4骑，每列12骑，8列共有骑兵96骑，加上阵首部分的一列骑兵，总计有骑兵108骑。另外，前面提到的在二号坑中部战车与徒兵相结合的殿军部分末尾，亦有骑兵2组，每组4骑，共8骑。这是目前中国考古史上发现的年代最早的骑兵俑军阵，对于研究骑兵的编列有重要的学术价值。

俑坑骑兵俑的编列有下列几个主要特征。

第一，骑兵俑的编列是4骑一组，构成骑兵最基本的战斗小组，可名之曰一小队；三组12骑为一分队，108骑为一中队。这一编列方法是以四为基数，与兵书所说的以五为基数的编列不同。《六韬·均兵》中讲到置吏，5骑一长、10骑一吏、100骑一率、200骑一将，其最小作战单位为5骑。为什么俑坑骑兵的编列不以五而以四为基数？这个问题至今尚未获得解答。

第二，这个骑兵俑阵的排列是纵深大于横广的长方形军阵，位于二号坑大型军阵的左侧，是整体军阵的一个侧翼，为机动兵力。

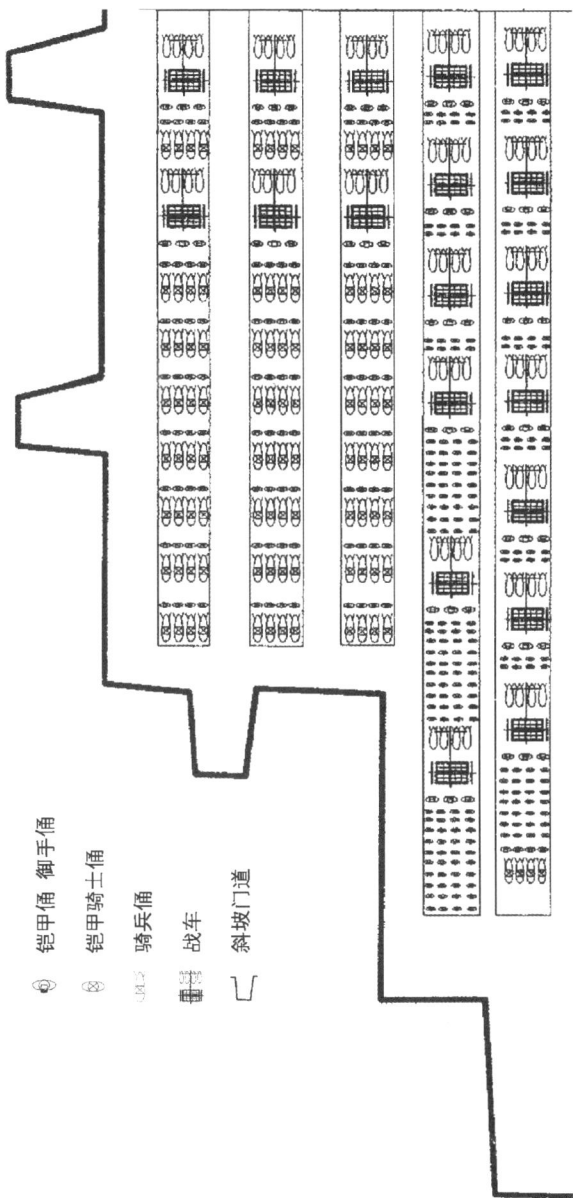

○ 秦俑二号坑骑兵俑军阵示意图

铠甲俑 御手俑
铠甲骑士俑
骑兵俑
战车
斜坡门道

骑兵行动轻捷、机动性强，像鸟散而云合，分合变化无穷。战国时期的骑兵在战争中多作为奇兵用，也就是说以车为正，正面当敌；以骑为奇，灵活机动突袭敌军。如迎敌始至、偷袭其后；乘敌军溃乱时进行追击；断绝敌军的粮道，烧其粮草积聚等。

　　第三，前面已提及，这个骑兵俑阵由阵首和阵体组成。这种编列方法与秦王朝以后的两汉三国时期骑兵的编列有明显的区别。如陕西咸阳杨家湾西汉墓出土的骑士俑军阵中没有战车。三国时曹操对骑兵的编列，把骑兵分为战骑（前锋）、陷骑（阵体）、游骑（后卫）三部分（《李卫公问对》），阵中也不见战车。上述情况说明秦骑兵虽然已成为独立的兵种，但尚未取代战车成为战争中的主力，只是作为奇兵配合车兵和步兵作战。到了汉代，骑兵成为战争的主力兵种后，骑兵阵中才没有战车，即使有也仅是作为运输的辎重车用。

　　那么，秦骑兵在中国历史上的影响力如何呢？我们知道，骑马和骑兵首先出现于我国西部和西北部过着游牧生活的少数民族地区，中原地区的人在殷周时代还多乘车，战争是车战。到了春秋时期，秦国和晋国为了对付游牧民族的骑兵攻击才开始建立骑兵。据史书记载，公元前636年，秦穆公以"革车五百乘，畴骑二千，步卒五万，辅重耳入之于晋，立为晋君"（《韩非子·十过篇》），说明这时秦的骑兵已经成为独立的兵种。到战国时期，秦的骑兵进一步发展，已变成"车千乘，骑万匹"（《史记·张仪列传》）。中原各国也相继建立起庞大的骑兵队伍。如赵、楚两国各有"骑万匹"，魏国有"骑五千匹",燕国有"骑六千匹"。骑兵已成为战争中的一支重要力量。

谈到中原各国骑兵的发展,人们自然会想到公元前307年赵武灵王"变服骑射"的重大军事改革,其主要内容是变服,把中原地区不适于骑乘的服装去掉,改穿胡服。这对骑兵的发展起到了积极的作用。在秦国骑兵发展的历史上是否进行过服装的变革,文献上不见记载。但从出土文物考证,陕西省咸阳市塔儿坡战国秦墓出土的2件骑兵俑,骑士已身穿胡服;二号兵马俑坑出土的骑士俑也一律身穿胡服。这说明秦国也经历过变服的军事改革,但是这一改革在秦国始于何时,是受赵武灵王变服的影响还是秦人的独创,这些问题目前均无法解答,有待新的考古发现方可做出准确的判断。

赵武灵王的军事改革,只是变服,并未提及马鞍具的变革。马鞍具的装备是否完善,是骑兵发展过程中一个重要的标志。咸阳塔儿坡战国秦墓出土的2件骑兵俑,马背上无鞍,似有一坐垫。兵马俑坑出土的骑兵俑,马背上已有低桥鞍,较坐垫是一大改进。有了低桥鞍,人坐在马上虽比较安适,但仍容易从马背上滑脱跌落,人与马不易结合为一体。这说明战国和秦王朝时骑兵仍处于发展的初级阶段。

勇猛的步兵

　　步兵，古名徒兵，一个古老的兵种。远在原始社会末期和奴隶制社会初期，由于部落之间的战争，最早出现的兵种就是徒兵。随着奴隶制的发展，到殷周和春秋时代，战车成为作战的主力，徒兵协助战车作战，这时徒兵的编制隶属于战车，名曰隶属步兵。到战国时代，由于战争频繁，战场扩大，战场地形也复杂多变，战车易受地形的限制，同时车阵臃肿、转换不灵，因而战车的作用逐渐降低。这时徒兵的人数大量增加，编制也发生了变化，除了隶属于战车的徒兵外，还出现了独立编制的独立步兵；此时骑兵也已发展，成为独立的兵种，战争变成了车、步、骑联合作战。

　　兵马俑坑出土的步兵俑即分为两种：一是隶属步兵俑，一是独立步兵俑。隶属步兵俑在介绍战车时已做介绍，这里主要介绍独立步兵俑。

　　兵马俑坑内已出土独立步兵俑932件，依其装束和在军阵中所处的地位，可分为轻装步兵俑和重装步兵俑。轻装步兵俑身穿交领右衽上衣，长度及膝，腰束革带；下身穿短裤，腿扎裹腿，足蹬履，履带紧紧系结于足腕，头上绾着圆丘形发髻。这种俑不戴头盔，不穿铠甲，装束轻便，行动敏捷，手中的兵器多为弓弩。一号兵马俑坑军阵的前锋部队全为轻装步兵俑。

重装步兵俑与轻装步兵俑在装束上的不同主要是身穿铠甲，腿部有的缚着护腿，防护装备较好。手中持的兵器有戈、矛、戟、铍、弓弩等。重装步兵俑位于前锋部队之后，是军队的主体，数量众多，是步兵的主要兵力。人们谈到步兵时往往以重装步兵多少概括之，如《战国策》说：秦有"带甲百万"，魏国有"带甲三十万"，赵、韩、齐、燕等国有"带甲数十万"等。

秦代的步兵为什么要分为轻装和重装两种？这是作战的实际需要。古代军阵编列的原则是"末必锐""本必鸿"。"末"是前锋部队，"本"是主体部队。前锋部队要像宝剑的剑尖一样锐利，能迅速插进敌军阵列，

○ 轻装步兵俑（一号坑）

○ 重装步兵俑群（一号坑）

◎ 一号兵马俑坑军阵局部

◎ 一号兵马俑坑军阵局部

继之以强大的后续部队跟进以击败敌军。因此对前锋部队的要求是："逾高绝远，轻足善走"，"疾如锥矢，战如雷电，解如风雨"。能如此行动迅捷，必须要轻装，这是轻装步兵产生的主要原因。

古今中外各国的步兵大都有轻装和重装两种不同的编制，如古希腊、古罗马的步兵军团的编制就是如此。在古希腊、古罗马的全盛时代，雅典人用新式轻步兵担任先驱兵。亚历山大的步兵，把轻步兵放在正面与敌交战。罗马军团的"轻装兵与骑兵共同担负警戒勤务，在会战之初与敌人接战，像先驱兵那样行动，并进行追击"（《马克思·恩格斯全集》第十四卷）。这与秦轻装步兵在战争中的地位和作用近似。但是在早期希腊的"多立斯方阵"中，则把重装步兵置于方阵的第一列或前两列，轻装步兵置于后列。作战时，重装步兵用长矛先向敌人攻击，轻装步兵起协助作用，用来肃清受伤和还在抵抗的敌兵。之所以这样配置，是因为"多立斯方阵"中的重装步兵是由全权的公民组成，轻装步兵由奴隶组成。统治者对奴隶不信任，故不敢把他们放在军阵的前列。而到了古希腊、古罗马全盛时期，步兵的组成人员已发生变化。秦代的步兵全由服兵役的农民组成，故其把轻装步兵作为前锋用以正面接敌，重装步兵作为军阵的作战主力，这种配置符合中外古代军阵编列的常规，是比较科学的兵力配置方法，对后世有着深远影响。

一般来说，古希腊、古罗马的重装步兵，都戴头盔、穿铠甲，腿部有铜护腿，手持长矛和盾牌；而我国战国时山东六国的重装步兵也都戴头盔、穿铠甲。为什么秦兵马俑坑出土的重装步兵俑只穿

○ 轻装步兵俑（一号坑）

○ 重装步兵俑（一号坑）

铠甲，不戴头盔？是不是秦军的装备中就没有头盔？秦始皇陵内的石铠甲坑的试掘方内曾出土了43顶头盔，文献也记载秦军过周北门时"免盔而下"，这说明秦军确实是装备有头盔的。为什么他们不戴头盔呢？据说秦军作战时非常勇敢，《史记·张仪列传》记载：秦军的重装步兵"跿跔科头，贯颐奋戟者，至不可胜计"。"跿跔"谓腾跳踊跃；"科头"谓摘去头盔。这样不怕死、勇于作战的重装步兵，其数量众多，不可胜计。《战国策·韩策一》记载："秦人捐甲徒裼以趋敌，左挈人头，右挟生虏。""捐甲徒裼"，即脱去铠甲赤脚裸体杀敌。这样勇敢的秦军与山东六国军队作战时，就像猎犬追兔子一样，所谓"驰韩卢（韩国名犬）而逐蹇兔也"（《战国策·秦策三》），无往而不胜。从上述文献记载可知，俑坑出土的重装步兵俑不戴头盔，是秦军英勇精神的体现。

在二号兵马俑坑的东北角，有一组独立步兵俑组成的正方形军阵。方阵分为阵心（即阵体）和阵表两部分。阵心由8行面东的身穿铠甲的跪射俑组成，每行纵队有俑20件，共160件。阵表（即方阵的四旁）有立式步兵俑172件，其中大部分为轻装立射步兵俑，少数为铠甲俑。方阵的左后角有一高级军吏俑和一件中级军吏俑，是此方阵的统帅。俑手中所持的兵器基本上都是弓弩。

这个方阵的突出特征，是轻装步兵位于阵表，重装步兵为阵体。阵表首先正面接敌，这与一号坑把轻装步兵作为前锋的布阵原则是一致的。

这个方阵的另一突出特点是：阵心为跪射俑，阵表大部分为立

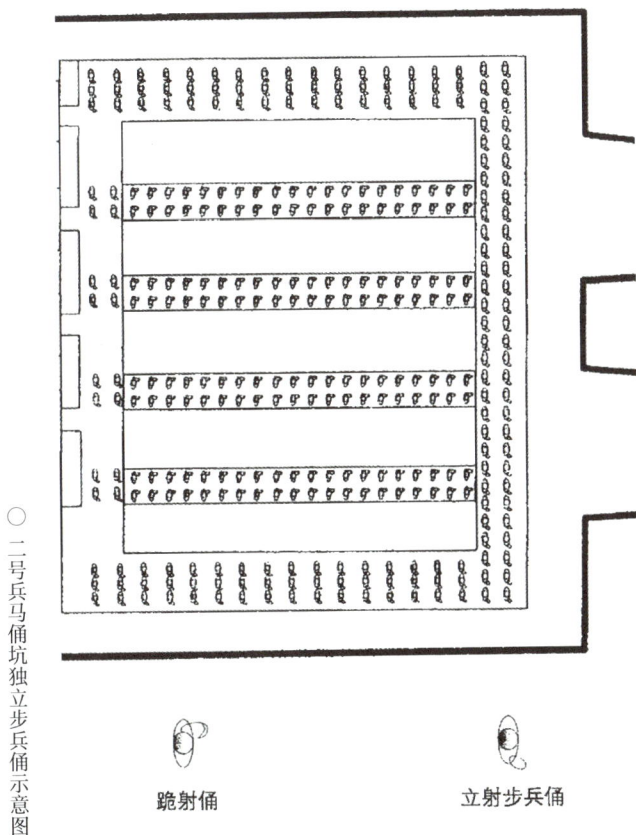

跪射俑　　　　　立射步兵俑

○二号兵马俑坑独立步兵俑示意图

射俑。为什么如此编列？古代弓弩兵作战有个要领，所谓"临敌不过三发"。意思是说与敌军相对用弓弩射击时的时空间距，当你射出三发箭的时候，敌人已冲到面前。为了解决这一问题，要一起一伏轮番射击。即站立者射三发后立即转换成跪式，跪者起立再射三发，二者互相交替射击。这样就会变成矢如雨注，敌人无法迫近。这一布局的实例为考古史上首次发现，十分珍贵。

　　立射俑的姿态特别引人注目，它的左足向左前方跨出半步，双足成丁字形；左腿微弓曲，右腿后绷，左臂向左侧半举，右臂曲举于胸前，头和身体微向左侧转，仰首凝视左前方。这种姿态与古文献所记载的持弓弩射击的动作完全相同。如《吴越春秋》记载："左蹉，右足横；左手若附枝，右手若抱儿，举弩望敌，翕心咽烟，与气俱发，得其和平，神定思去，去止分离，右手发机，左手不知，一身异教，岂况雄雌？此正射持弩之道也。"立射俑可谓是古代持弩射击战术动作的最形象的标本，对研究古代军事史具有重要的意义。

○ 立射俑（二号坑）

从兵马俑坑出土的步兵俑来看，他们中有高级军吏俑、中级军吏俑、下级军吏俑及一般士兵俑等不同的等级。这些等级区别的标志是什么？从重装步兵俑的装束来看，其区别标志主要是冠和铠甲的不同。高级军吏俑，头戴鹖冠，身穿彩色鱼鳞甲；中级军吏俑，头戴双版长冠，身穿带彩色图案花纹的护胸甲或下摆平齐的筒子甲；下级军吏俑，头戴单版长冠，身穿不带彩色图案花纹的铠甲；一般士兵俑，头不戴冠，身穿黑色铠甲，与下级军吏俑的铠甲相比较，

○ 将军俑(二号坑)　　　　　　　　○ 将军俑(一号坑)

○ 中级军吏俑(二号坑)   ○ 中级军吏俑(一号坑)   ○ 下级军吏俑(一号坑)

甲片较大，甲札的数量较少。

　　轻装步兵俑一律不穿铠甲，其等级区别的主要标志是冠饰的不同。一般士兵俑不戴冠，头顶绾着圆丘形的发髻；下级军吏俑头戴单版长冠；中级军吏俑头戴双版长冠。轻装步兵俑中目前尚未见高级军吏俑，依理推之其冠应与重装高级军吏俑的冠相同，为鹖冠。

　　秦俑的发现让我们初次认识到秦国军队中不同等级人物之间的区别。

地下军阵

关于兵马俑军阵，我们就三个俑坑分别来阐述。

一号坑共有战车40余乘，陶俑、陶马约6000件，是以步兵为主，战车与步兵相间排列的大型军阵。由前锋、左右翼卫、后卫及主体军阵等四大部分组成，坐西面东，气势磅礴。

前锋部队：位于军阵的东端，计有步兵俑204件，面朝东方排成三列南北向的横队；每列有俑68件，基本上都是轻装步兵俑，手持弓弩。在前锋部队的左右两端各有一件头戴长冠的军吏俑，为前锋

○ 前锋部队

部队的统帅。

左右翼卫：一号坑左右两侧的过洞内各有两列步兵俑。其中一列排成纵队，面朝东方；另一列排成东西向面朝外的一字形横队，每列有俑约180件，手中所持的兵器多为弓弩，部分俑腰际佩剑。

后卫部队：位于一号坑的西端，即军阵的末尾。这里有呈南北向排列的三队横队，其中两列面朝东，最末一列面西，每列有俑60余件，均为重装步兵俑。

主体军阵：是战车与步兵相间排列的三十六路纵队，共有战车40余乘，步兵俑4000余件，基本上都是重装步兵俑，只是在军队的前端有少数不穿铠甲的步兵俑。俑手中所持的兵器有戈、矛、戟、铍、弓弩等，少数俑腰际佩剑。

○ 左侧翼卫部队

○ 右侧翼卫部队

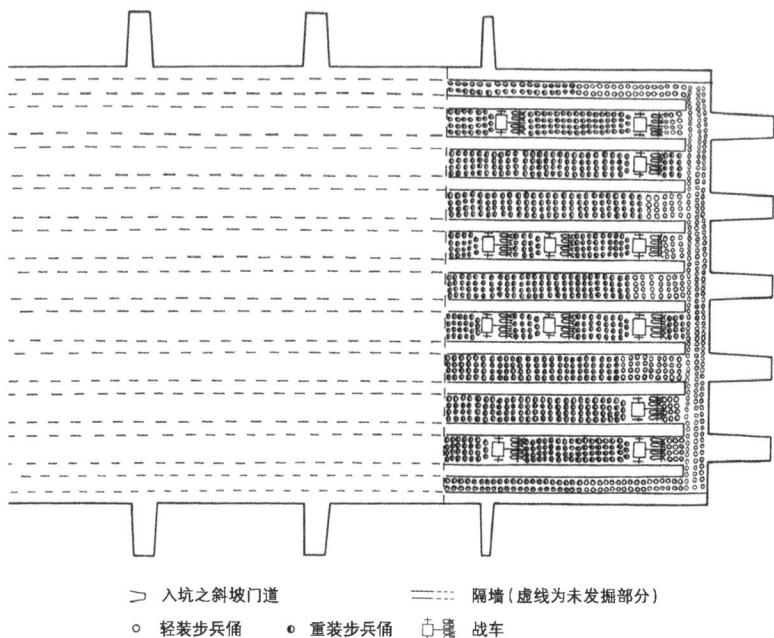

入坑之斜坡门道　　　　　隔墙（虚线为未发掘部分）

○ 轻装步兵俑　　　● 重装步兵俑　　　战车

○ 一号兵马俑坑示意图

从上述编列情况，大体可以看出这个军阵具有如下几个特征。

第一，军阵的整体形象是"前后正齐，四方如绳"，为兵书上所说的"方阵"。这个方阵坐西面东，长184米，宽57米；纵深大于面宽，显示后续力量雄厚，坚如磐石。此方阵不是行军队形，亦非交战时的战斗队列，而是一个戒备森严、整装待发的队列。"阵不动不用为居阵"，因此一号坑军阵可名之曰居阵。一旦有战斗任务，只要将帅一声令下，这个"圜居方止"的大型军阵就会动起来，所谓"滚如风雷，触之者摧"；军阵一旦展开，又如"弯弧挺刃"，所向

披靡。

第二，军阵的布局有锋有后，有翼卫和后卫。所谓锋，即前锋部队；后，即强大的后续部队，亦称为阵体或阵中。战国时著名军事家孙膑认为布阵的一条重要原则是：要有锋有后。军阵没有锐利的前锋，犹如剑之无锋；没有强大的后阵，犹如箭之无铤（箭头装入箭杆的部分）。无锋无后，"敢将而进者，不知兵之至也""故有锋有后，相信不动，敌人必走"（《孙膑兵法·势备》）。一号兵马俑坑军阵，以204件轻装步兵俑作为前锋，以战车与步兵相间排列的三十六路纵队作为阵体，可谓"末（前锋）必锐""本（阵体）必鸿"（《孙膑兵法·十阵》），完全符合兵家所说的布阵原则。

一号坑军阵的左右两侧有翼卫部队，以防备敌人从两侧袭击。军阵的后部有后卫部队，以防敌人从背后偷袭，其组织严密，坚不可摧。

第三，在武器配备方面，前锋和两翼部队手持弓弩，阵体部队的配备有戈、矛、戟、铍、剑、弓弩等。弓弩为远射程兵器，其余的兵器为近距离格斗的武器。俑坑军阵武器的配备组合，体现了"长兵在前，短兵在后""材士强弩翼吾左右""长短相杂"，作战时以便"长以救短，短以护长"等兵器配备组合的原则。这是经过实战检验的科学兵法，对后世影响深远，直到近现代仍然适用。在考古资料中，古代兵器出土的数量众多，但都属于零星发现，在军阵中各种兵器如何配备组合，一直缺乏实物例证。兵马俑坑大型军阵及众多兵器的发现，填补了这一空白，为人们提供了具体、形象的实物例证。

二号兵马俑坑的平面呈曲尺形，是由如下四个小型军队组成的一个多兵种的大型军阵。

第一个小阵为弩兵方阵，位于二号坑的东北角，即大型军阵的左前角，是为前军。

第二个小阵为战车方阵，位于二号坑的南部，亦为右侧，是为右军。这个方阵由8列战车组成，每列8辆，共有战车64辆。车前驾有4匹陶马，车上有武士俑3件，一为御手俑，另2件为铠甲俑。

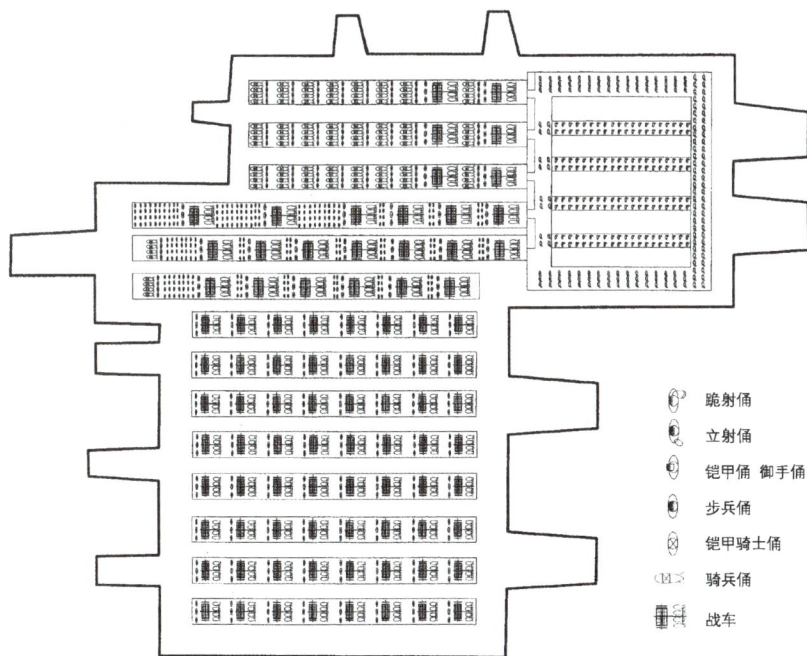

○ 二号兵马俑坑示意图

109

○ 跪射俑

第三个小阵为车、步、骑结合的长方阵，位于二号坑的中部，是为中军。共有战车19辆，每辆车后都跟随有一定数量的步兵俑，军阵的末尾以8骑骑兵作为殿军。

第四个小阵为骑兵阵，位于二号坑的北部，亦为军阵的左侧，是为左军。

车、步、骑结合的四个小阵间彼此以夯土墙垣相隔，各自独立成为一区；但四区之间又各辟小门以资相通。这种布局，在兵书上称作"分塞"。即前军、中军、左右军各有分域。不同分域的人员不得私自越域交往。如要交往，吏要持节，士兵要成行伍、多人结队持符节才能通行。有不遵塞令"逾分干地者，诛之"。这样做的目的

○ 御手俑（二号坑）

是，对内使军纪整肃无干令犯禁者，对外使外奸无可乘之机。（参见《尉缭子·分塞令》）

古书上关于军阵的名称繁多，尤其是一些稗官野史多有附会之言，如风阵、火阵、八卦阵、玄武阵、青龙阵、白虎阵等，名称纷繁，让人不可捉摸。但就其队形而言，不外乎兵书上所说的方、圆、曲、直、锐五种阵形。二号坑军阵的布局呈曲尺形，因此可称之为曲形阵。弩兵小阵凸出于大型军阵的左前角，第三小阵末尾的骑兵凸出于军阵的后方，从而形成一个具有前角、后犄的曲形阵。这个军阵编列的队形，不是行军的队形，也不是正与敌格斗的战斗队形，而是与一号坑军阵一样，也是个坚如磐石的居阵。

四个小阵有机结合组成一

个大型军阵，这种编列方法，就是兵书上所说的大阵套小阵，大营包小营；阵中有阵，营中有营；可分可合，分开可以各自单独作战，合起来则浑然成为一体。分合的变化要根据地形和敌情而定，由统军的将领审时度势适时决断。

从二号坑的四个小阵中，我们可以看到当时车、步、骑在战争中协同作战的情况：右军为车阵，中军也以战车为主，说明战车是整个军阵的核心力量；弩兵是军阵的前锋，骑兵是军阵的侧翼，这再次证明战车在战争中仍居于重要地位。以往有人认为"战国以来，由于步、骑兵兴起，战车退居于次要地位，再无单独列阵对战的记载"。但此说与二号坑的实际情况不符。骑兵虽已单独列阵，但仅是作为侧翼起到保护车阵安全和作为机动兵力使用。弩兵作为前锋，攻可以穿刚透坚，守可以坚阵疾战，拒敌乃至歼敌于营垒之外。弩兵是步兵中的精锐部队，在战争中亦发挥着重要的作用。

战国时期的战争是车、步、骑协同作战。战车为军队的重兵，车阵坚如磐石，在广袤的平野作战时利用其强大的冲击力，可以陷坚阵、邀强敌、追败寇。而骑兵行动轻捷、灵活，能分能合，被称为离合之兵、飘忽之兵，在战争中作为机动兵使用。步兵亦为军之重兵，适宜于在山陵、沼泽及原野等各种不同地形的区域作战。因此车、步、骑三个兵种联合作战时，要根据地形和敌情来决定以哪一种兵种为主，哪一种兵种为辅。《孙膑兵法·八阵》说："车骑与战者，分以为三：一在于右，一在于左，一在于后。易则多其车，险则多其骑，厄则多其弩。险易必知生地、死地，居生击死。"意思是说当遇到地形平坦、战车易于发挥威力时要多用战车；遇到险恶的地形要多用骑兵；遇到两边高峻狭窄的地形要多用弩兵。统军的将领在决策用什么兵力之前必须熟知地形的险易及其利弊，避害趋利。车、步、骑联合作战时，列队布阵要形成梯次：一在于右，一在于左，二者构成双角；一在主力部队之后，成为后续兵力，四者互相结合构成有双角和后卫的强大军阵，互相呼应，协力作战。另外也可采用"斗一，守二"的战术，用三分之一的兵力与敌作战，以三分之二的兵力等待时机。

战国时这种典型战例很多，如公元前260年的长平（今山西高平西北）之战，秦军在正面佯败退守壁垒，引诱赵军深入。另外从侧翼派一支两万五千人的步兵迂回到赵军的后方切断赵军的退路及粮道；又派骑兵五千骑，穿插赵军将其分割包围，最后全歼赵军四十五万人。（《史记·白起列传》）

由于骑兵和步兵比较机动、灵活，故其活动范围大、持续的时间长，战法也多种多样。而在殷周、春秋时期，两军正面击溃战、速决战的车战到战国和秦王朝时已较罕见。

三号坑的布阵是军队的受仗队。它面积虽小，但结构复杂，分为左、中、右三区。中区内有战车1辆，左区有侍卫甲俑22件，右区有42件。这些武士俑与一、二号兵马俑坑内武士俑的编列不同，是做面对面夹道式排列，秦人称之为短兵。三号坑内出土铜殳30件，不见弓弩、戈、戟等兵器，说明三号坑内的武士俑主要是持殳担任警卫职务的受仗队。

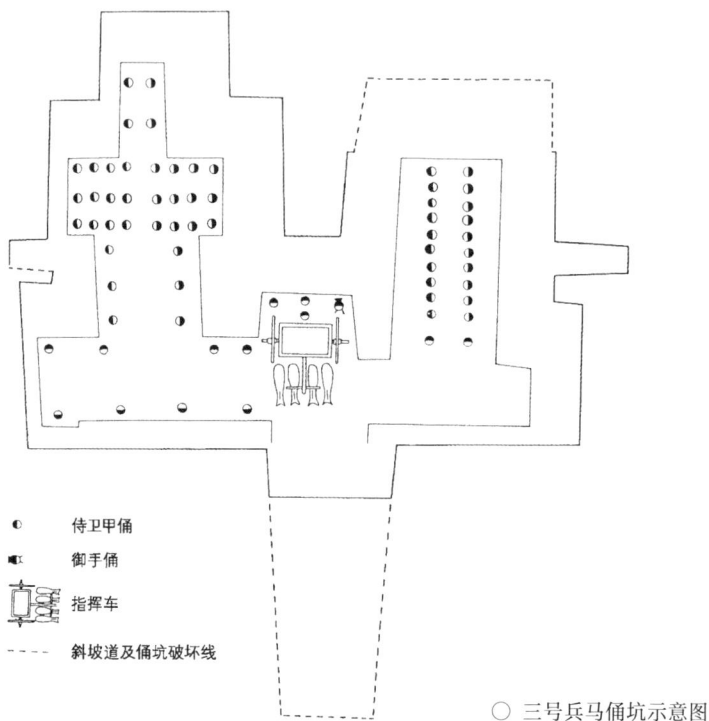

○ 三号兵马俑坑示意图

　　殳是一种带长柄的锤击兵器，无锋无刃，不能用于钩、刺、砍杀，不宜用于战阵，适于做卫体的武器。尤其到春秋战国时期，弓弩、戈、矛、戟已成为作战的利器，而殳相对来说使用不广。殳虽然仍作为战车上的五兵之一，但主要还是作为一种仪卫性的兵器。根据文献记载，殳的作用有如下六种：一是王的先驱部队执殳为之开道，所谓"伯也执殳，为王前驱"（《诗·卫风·伯兮》）。二是宫廷内的卫兵执殳。楚庄王时曾发生过这样一个小故事：按照楚国法律，太子不得乘车至宫殿门。时天雨，王急召太子。廷中有水，

○ 铜殳(三号坑)

太子遂驱车至殿门。廷尉举殳击马，败其驾。(《韩非子·外储说》) 三是担任迎送宾客任务的礼兵执殳立于道旁，以迎送宾客。四是武士执殳立于宫殿门外，担任警卫。五是王的前驱车向敌军营垒挑战时执殳。六是王的侍从仪仗执殳。

关于殳仗队的实物资料以往还没有发现过，三号坑殳仗队的发现填补了这一空白，使我们对古代殳仗的仪卫制度有了较明确的认识。

秦国军队的各级高级将领和地方郡守、县令，根据职位高低都配置有一定数量的卫兵。统率五百兵卒的将领，可有卫兵五十人；统领千人的将领，可有卫兵百人；大将军可有卫兵多达四千人。(参见《商君书·境内篇》) 三号坑是统率一、二号坑内数量近八千兵马的指挥部，但三号坑内仅有卫兵俑64件，这与其地位完全不相符，说明三号坑内卫兵的数量仅具有象征意义，而实际应配置卫兵的数量当远远大于现有的64件。卫兵的职责是保卫将吏的安全，如果在战争中"战及死事，而轻（刭）短兵（卫兵）"（《商君书·境内篇》）。这话的意思是说，如果将吏被敌军杀死，担任守护任务的卫兵要受斩首的惩处。

三号坑是统军的指挥部（军幕），为什么坑内没有发现将军俑？目前对这个问题人们有各种不同的猜测。有的说统军的主帅是秦始皇，他已在陵墓的地宫里，俑坑内不需要也不可能再出现秦始皇的雕塑形象。这一说法似乎有些道理，军政大权掌握在秦始皇手中，但是军队的具体指挥，还是要设职命将的，所以此说似不妥当。

还有人说，三号坑的西边百余米处有座古墓，墓的主人是三号坑内的统帅。该墓尚未发掘，墓葬的时代及墓主的情况不明；再者，该墓呈南北向，俑坑为东西向，二者的方向不一致。此说亦不能令人信服。

古代打仗是临时命将出征，战争结束即交回兵权。如汉代重兵悉在京师，有战事则命将发兵出征，"虽卫、霍之勋高绩重，身奉朝请，兵皆散归"（《通典》）。秦代也是如此，秦始皇九年（公元前238），嫪毐叛乱。"王知之，令相国昌平君、昌文君发卒攻毐"（《史记·秦始皇本纪》）。可见将领平时与军队分离，只有战时才临时受命统军作战，此为秦汉之通制。明确此点后我们再来看兵马俑坑的情况，一、二号坑的军阵是整装待发的居阵，而非战阵，也

○ 三号坑南区局部俑群

○ 三号坑南区局部俑群近景

就是说并不处于战争时期，这应当是军幕已张，而将领不见于军幕内的原因。

秦王朝时军权高度集中，皇帝一人独揽军权。重大军事决策包括军队的调动、统军将领的任命，均由皇帝决定。各级官吏只有贯彻执行的责任，最多也不过有被咨询和顾问的义务。平时将领与军队分离，有战事临时命将出征，战后即交回兵权。这样可避免将领拥兵自重，使皇权削弱，从而保证封建专制政权的巩固。

锋锐的兵器

兵马俑坑内已出土兵器4万余件，基本上都是铜兵器，铁兵器仅见铁矛1件，铁镞2件。兵器大致可分为三类，即短兵器、长兵器和远射程兵器。短兵器主要是金钩和剑，长兵器有戈、矛、戟、铍、殳、钺等，远射程兵器为弓弩及大批的铜镞。大部分兵器与战国时期同类型兵器的形制和作用相同，这里不再赘述。现仅将少见或特殊的兵器简介如下。

金钩

一号坑东边前锋部队的左右两端各出土一件特殊的兵器，形状像弯刀，分身、柄两部分，用青铜一次铸成。身呈弯月形，齐头，双刃；通柄长65.2厘米，其中身长54.1厘米，宽2.2～3.5厘米，重1.045千克。

这种特殊的青铜兵器为考古史上首次发现，名曰金钩。汉赵煜撰的《吴越春秋》记载：吴王"阖闾既宝莫耶（宝剑名），复命于国中作金钩。令曰：'能为善钩者，赏之百金。'吴作钩者甚众"。金钩到底是怎样的形状？如何使用？由于没见过实物，人们对该物的认识一直模糊不清。有的说为剑类的兵器，有的说"似剑而曲"。俑坑出土的实物证明金钩与剑有很大的区别：剑身直，有锋，用于刺杀。

○ 金钩（一号坑）

○ 青铜剑（一号坑）

金钩齐头，无锋，不能刺杀。它两侧有刃，形如弯月，可钩杀亦可推杀。

金钩是吴国最早发明的一种兵器，因而后来又称之为吴钩。南北朝和隋唐时代的诗中常见吴钩之名，如南朝宋鲍照《代结客少年场行》乐府诗："骢马金络头，锦带佩吴钩。"唐李贺《南园》诗："男儿何不带吴钩，收取关山五十州。"可见当时青年男子骑着骏马、腰际佩带吴钩，成为流行时尚。

因金钩出土于两件军吏俑的附近，当是军吏佩带的仪卫性的短兵器。

青铜剑

兵马俑坑内已出土青铜剑27件，出土时有的仍插于剑鞘内，没有生锈，光亮如新。剑身长64.2～73.2厘米，通柄长81～94.8厘米。剑身修长，呈兰叶形，刃锋锐利，近锋部束腰，穿刺力较强。与前代剑相比，剑身加长，制造工艺更为精湛，成为青铜兵器之精品。说到秦剑，人们自然会联想到荆轲刺秦王事件中提到秦王佩长剑的故事。《史记·刺客列传》记载：公元前227年，燕太子丹派荆轲向秦王献燕国督亢（今河北易县、涿州、固安一带）地图，秦王见之于咸阳宫。"秦王发图，图穷而匕首见"。荆轲持匕首刺秦王；未中。秦王惊，拔剑，剑长，不可立拔。左右大臣说："王负剑！"负剑，遂拔以击荆轲，断其左股，遂刺杀之。

对于秦始皇（当时称王）所佩的剑有多长，是否长到不可拔出鞘的程度，"王负剑"做何解释的问题，以往人们普遍认为是剑太长，需要把剑推于背后才能拔出。对于这种认识需做进一步商榷。西周和春秋时代的剑比较短，到战国时渐次加长。秦俑坑出土有一柄通长94.8厘米的剑，是目前已知秦及先秦时最长的剑。汉剑长者为100～110厘米，其中插于鞘内的剑身长70～80厘米，拔之出鞘并不困难。如果剑真长到拔不出鞘的程度，那就失去了实用的价值。

剑的佩带方法，是把剑系结于人体左侧腰际的带上。拔剑时，左手握鞘，右手握住剑柄向斜右方抽拉。按照常人的身高臂长，抽拉间距的最大值为100～110厘米。如果把"王负剑"解释为把剑推于背后或搁于背后，从背后向上抽拔的间距最大值，仅有60～65厘米，剑更不能拔出。因此"王负剑"的"负"字，不能作"背"字讲，应作"恃"字、"依"字讲。因荆轲刺秦王事发突然，秦王一时惊慌失措不知如何应对。故左右大臣惊呼"王负剑"，即提醒秦王用剑搏击。于是秦王拔剑击荆轲，断其左腿，又复击八剑，把荆轲杀死。

荆轲刺秦王时，为什么侍臣和卫士不执兵器与荆轲搏击呢？因为"秦法，群臣侍殿上者不得持尺寸之兵，诸郎中（卫士）执兵皆陈殿下，非有诏召不得上"；群臣惊惶，"无以击轲，而以手共搏之"。（《史记·刺客列传》）

秦国于公元前409年"令吏初带剑"，佩剑成为一项重要的礼仪；这与"秦法，群臣侍殿上者不得持尺寸之兵"不是互相矛盾吗？二者并不矛盾，因为侍臣所佩的剑是假剑，古名曰"斑剑"。秦始皇陵铜车马坑出土的两件铜御官俑腰际所佩的剑，假作剑形，形象逼真，仅具象征意义。两晋以至隋唐时代的斑剑多为木剑，陕西礼泉县李勣墓出土的长剑，即为装在剑鞘内的木剑。古代上自天子下至百官无不佩剑，但侍臣所佩之剑为仅表威仪的斑剑。荆轲刺秦王时，在殿上的群臣亦当佩带斑剑，这种剑实用价值不大，故以手与荆轲搏击。

长铍

兵马俑现已出土长铍16件。铍是一种长柄兵器。铍头的形状与短剑相似，通长约35厘米，刃锋锐利。铍头的下端有扁平形的长茎插入柄端。柄为木质，下有铜，通长约3.8米，像这样既有铍头又有长柄的完整长铍，为考古史上首次发现。

以往的考古资料中曾出土过不带长柄的铍头，因其形状似短剑，故误定名为短剑。文献上关于铍的注解也多含糊不清，因此长期以来人们对铍到底是一种什么样的兵器一直模糊不清。这件完整长铍的发现，使这一谜团豁然而解。铍不同于剑，剑无长柄为短兵，铍有长柄为长兵。铍的作用和矛一样是长柄刺兵，铍类似于矛，但不同于矛；矛有骹，铍无骹且铍头较矛头长而锋利，是较矛杀伤力更强的兵器。

长铍在冷兵器时代，是具有强大杀伤力的兵器。它始见于西周，沿用至秦汉，汉代设有"长铍都尉"。汉代以后逐渐消失。消失的原

○ 铜铍（一号坑）

123

因可能是因为铍头的制造工艺较复杂，另外也可能是铍头无骹，把茎插于柄端，不够坚牢，容易滑脱的缘故。

弩、弩韬及箭箙

俑坑出土的弩，由弓、弩臂及铜弩机三部分组成，弩机装在木廓内。这种结构与战国时期其他各国的弩基本相同；但是弩臂已加长，增强了弓的张力，使弩的射程更远、威力更大。尤其值得注意的是在对一号坑进行第二次正式发掘的过程中，出土了2件带有铜廓的弩机，它较木廓弩机提高了机械的灵敏度和稳定性，增强了射击的准确性和使用寿命，是一项重要的科技革新，使弩进一步定型化。过去认为铜廓弩机的发明始于汉代，新的资料证明它开始于战国晚期，普遍流行于汉。

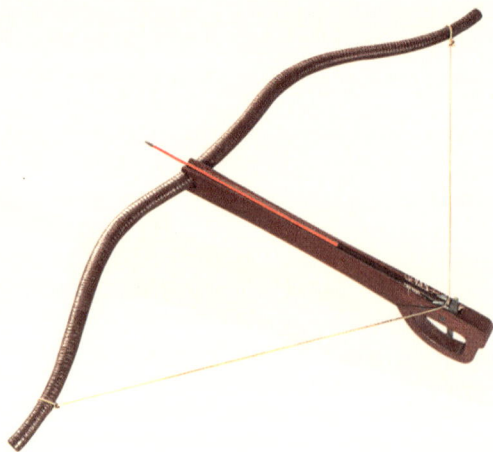

○ 弩复原图（一号坑）

弩的张法有三种：一是臂张（擘张），即用左臂托住弩臂，右手拉弦引而张之；二是蹶张，双足踏住弩弓，用手拉弦开张；三是腰引，以双足踏弓，用腰际系结绳上的钩子钩住弓弦引而张之。后两种张法用于强弩。战车上用的弩多为强弩，那么在战车疾驰的情况下，人们是如何引而张之的？当时是怎样解决这一难题的？我们在一号坑出土的一辆战车上找到了答案。在这辆车的前部外侧发现一对呈鸭首形向上弯曲的铜钩，秦始皇陵出土的一号铜车的前部外侧亦发现一对与上述相同的银钩，双钩的含口卡住弩弓的背部。此双钩名曰"弩蚳"，为人双足的模拟。当需要引弓张弩时，双钩就像人的双足踏住弩弓一样抵拒着弓的背部，即可把强弩引而张之。从现代科学的观点来看，这是仿生学知识的巧妙利用，显现了中国古代人民的聪明与才智。

俑坑已出土箭300余束，每束一簇，每簇有箭约百支。箭通长约70厘米。箭杆有竹竿和木杆两种。杆的前端插有铜镞，后端有尾羽与括（纳弦的含口）。箭杆通体髹漆涂彩。箭前端插接的铜镞均为三棱锥形，依其长短、轻重可分为大、小两型。大型铜镞通长41厘米，小型铜镞通长15厘米左右。小型铜镞的箭用于一般弓弩，大型铜镞的箭用于强弩。

俑坑出土了大批箭箙遗迹，箙的形状呈长方筒形，用麻绳编织。古代的箙有大、中、小之分，大箙装箭百支，中箙装箭50支，小箙装箭12支。俑坑出土的箭箙多数装箭百支。

与箭箙同出的还有大量弩韬，俗称为弩袋。韬由两片半月形的

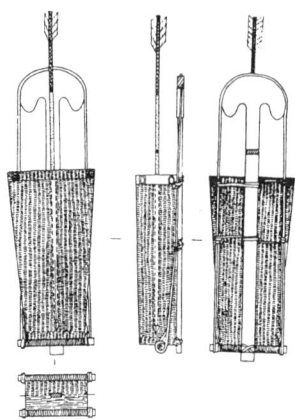

○ 箭箙复原图

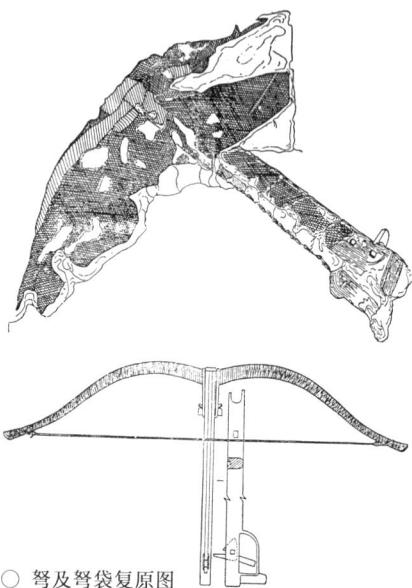

○ 弩及弩袋复原图

麻布组合，形状好似海蚌。为了开合方便，在内侧用两根呈八字形分布的长木条做骨架。通体髹褐色漆，长144～150厘米，最宽处19～25厘米，恰好把弓和弩臂的前半部套于韬内，弩臂的大半露于韬外。

古文献上关于弓韬的记载很多，但实物资料十分罕见，而弩韬从未见过实物，亦罕见于史书记载。秦俑坑出土的大批弩韬遗迹，显得十分珍贵。

那么，这些青铜兵器是如何制造的呢？这些兵器均系铸造成型，再经过锉磨、抛光等细加工，刀锋锐利。其合金成分主要是铜和锡，为锡青铜。

中国青铜兵器的制造始于夏商，经殷周和春秋，到战国中晚期及秦王朝时已达到顶峰。这时已能根据各种兵器不同的性能和作用，熟练地掌握不同的合金配比；制造工艺更趋完善，技艺更为精湛。现就兵马俑坑出土兵器的造型和细加工工艺，略举几例介绍如下。

青铜剑经检测，铜与锡的合金比例约为4：1，硬度为HRB106，约相当于中碳钢调质后的硬度，非常锐利。剑身窄长呈兰叶形，基部至锋端宽度不是均等地递减，而是呈阶段式递减，近锋部束腰，这样可加强剑的穿刺力；同时因为是有节奏的递减，可以使剑富有弹性，不易折断。剑的棱脊规整，刃部经过锉磨细加工，锉纹清晰可辨，一条条密集的锉纹互相平行，不见交叉的现象。说明不是人工用手锉磨，而是用简单的机具加工而成。这在金属制造工艺史上是个跨越式的进步。

剑出土时没有生锈，光亮如新。经检测，剑的表面有一层致密的铬盐氧化层，具有良好的防腐抗锈蚀作用。这一铬盐氧化层是怎样形成的？目前学术界存在两种不同的意见。《中国冶金简史》编写组的专家经过测试后认为是

○ 铜剑（局部）

○ 铜铍表面花纹

经过人为加工而成，为此他们做了模拟性的试验：用铬矿石加上老陈醋和土硝在一起加热，使其变成重铬酸盐，再进一步加热使其液化，用液汁涂在剑的表面即可形成一层灰色的铬盐氧化层。铬盐氧化处理技术是近现代才出现的先进工艺，而远在两千多年前的秦代已掌握了这一工艺，可谓是冶金史上的奇迹。另一种意见认为，可能是俑坑土壤中铬的分子渗透而在剑的表面形成一层铬盐氧化层。此问题尚待进一步探讨。

剑的表面经过抛光，似用麻絮蘸油粘面砂反复揩拭，使表面光洁。经检测光洁度为▽8～▽9，光平如镜。

此剑与殷周、春秋时代的剑比较，铜与锡的合金配比更为科学、合理，并趋定型化和规范化。

俑坑出土的青铜镞的镞首为三棱锥体，前端收杀聚成锐角形的尖锋，后端为平底带有三个短小的倒刺，射中敌人的肉体后不易拔出。经抽样检测发现：同一镞各面轮廓不重叠的误差不大于0.15毫米。对铜镞的三个棱脊，曾测试过84件铜镞，获得252个数据。数据显示三个棱脊长度的最大差值为0.55毫米，最小差值为0.02毫米，三个棱脊的长度几乎完全相等，说明其制作尺度非常精确，工艺水平也极其高超。

秦和先秦时代镞的发展大约经历了三个阶段：原始社会的石镞，多为中部略略起脊的扁平三角形；殷周和春秋时的铜镞，逐渐变为带有双翼和中脊的扁平三角形；战国开始出现带有长铤的三棱锥形铜镞；到秦代，弓弩所用的箭基本上都是三棱锥形铜镞，并已定型化。

镞首呈三棱锥形并带有流线型弧面的造型，具有导向性能好、穿透能力强等优点；再者，它带有长铤，其重心大体位于箭杆的中部，使箭在飞行中易于保持平衡，射程较远。扁平形镞在飞行中易于飘浮，穿透力弱，稳定性差，所以渐次被三棱锥形镞所取代。兵马俑坑已出土的将近四万件铜镞，都是三棱锥形镞，说明秦的武器装备是先进和优良的。

青铜铍系用双合范铸造成型，再经锉磨、抛光等细加工，刃锋锐利。令人十分惊奇的是，在已出土的16件铜铍的两面都发现布满了不规则的云头状的花纹。这些花纹不是铸成的，也不是刻画的，

○ 铜镞(一号坑)

它隐现于器的表面，与器表的金相组织融为一体，可视见，但用手触摸不到。翻检以往的考古资料，发现在1964年山西原平县（今山西原平市）出土的吴王光青铜剑上，剑身亦布满与此铜铍相似的花纹。这种花纹是用什么方法制成的呢？

湖北江陵望山一号楚墓出土的越王勾践铜剑，剑身两面布满菱格纹，亦可视而不可触摸。纹样与俑坑铜铍的不同，但花纹形成的工艺基本相似。专家经过对越王勾践剑的测试，发现是用硫化处理法形成的，认为此铜铍上的花纹"是这种技术的继承和发展"，亦是用硫化处理法形成。另外，还有的学者认为是在铜铍的表面涂上液体介质，经二次回火，介质遇热流动挥发，器物冷却后所形成的收缩范围即是花纹的纹样。目前对这一问题仍在探讨，并进行检测和模拟实验，今后或许可以得出令大家信服的结论。

秦国兵器的制造分为两大系统：一是中央官署制造；二是地方（郡）制造。兵马俑坑出土的大批兵器来源于中央的武器仓库，是中央官署机构制造的。

秦始皇时代中央主造兵器的官署机构有少府工室、寺工、诏事、属邦工室等。那么俑坑出土的兵器是其中哪个中央官署机构制造的？这从俑坑已出土的带有铭文的兵器上可见端倪。秦坑中刻有"寺工"铭文的兵器约40件，如七年相邦吕不韦戈的铭文："七年相邦吕不韦造，寺工周、丞义、工竞"。可知吕不韦是监造者，主造者是寺工这一官署中的工师周及其助手义，具体制造的工人名曰竞。十五年寺工铍的铭文："十五年寺工敏造，工黑。"吕不韦因受嫪毐叛乱的牵连，于秦始皇十年（公元前237年）被免职，因此兵器的铭文中不再出现监造者吕不韦的名字，只有主造者寺工的工师敏及具体制造工人名叫黑者。

俑坑所出刻有寺工铭文的兵器有矛、戈、戟、铍等，二号坑出土一骑兵马络头的革带上也有用红色写的"寺工"两处，说明俑坑内的车马器也是寺工制造的。

从以往的考古资料可以看出，少府工室、诏事、属邦工室等中央官署机构所主造的兵器，多供应给地方军和野战军、边防军使用；寺工所主造的兵器、铜器、车马器，多供给宫廷使用。兵马俑坑军阵象征守卫京城的部队，是秦始皇陵的陪葬品，俑坑出土的兵器为寺工制造是合乎情理的。

俑坑出土的兵器都是实战用兵器，未见使用过的痕迹。许多兵

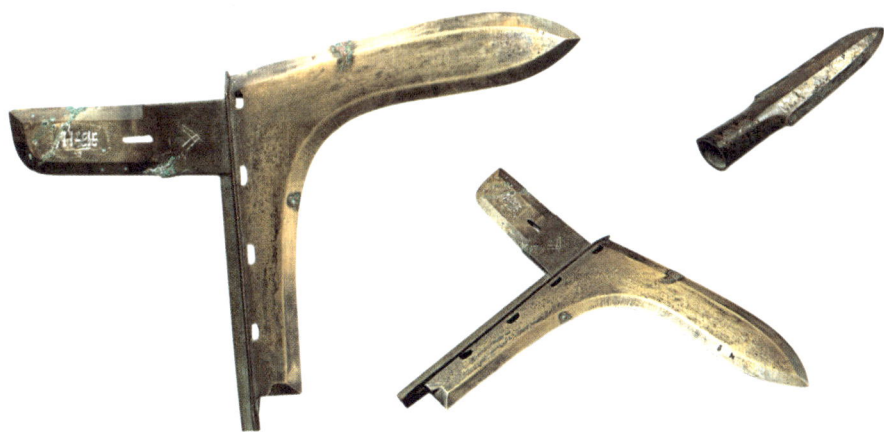

○ 铜戈(一号坑)　　　　　　　　　　○ 铜戟(一号坑)

器上刻有"左"字，为武库中"左库"的省称，说明是从左库中调拨来的兵器。

本节开头提及，兵马俑坑出土了大量的铜兵器，而铁兵器仅见铁矛1件，铁镞2件。这一现象曾引起人们的关注。有人说，因为秦国缺乏铁矿及冶炼技术，不能生产钢铁兵器；也有的说，秦俑坑有纪念军功的意义，不需要将当时战场上正在使用的新式武器放在这里，只能陈列用过的旧武器及已被淘汰了的放在仓库里的铜兵器；有的认为秦始皇时代已经用精良的铁兵器更新秦军装备，铜兵器是陈旧、劣等的兵器。

这些见解的前提是：秦始皇时代钢铁兵器已取代铜兵器成为军队的主要装备。大量的考古资料证明战国中晚期至秦王朝时，铁兵器虽已出现，但数量极少。如秦国的兵器在全国范围内已出土数万件，其中只有铁兵器十余件，余下的均为铜兵器。湖南长沙209座战国楚墓出土兵器182件，其中铜兵器173件，铁兵器只有9件。常德德山的44座战国楚墓出土兵器14件，其中铜兵器13件，铁兵器只有1件。山东临淄、河南辉县等许多冶铁遗址，也没有发现铁兵器及铸造铁兵器的遗迹。事实证明秦及山东六国军队武器的配备主要不是铁兵器，而是铜兵器。

为什么当时铁兵器不能取代铜兵器？因为冶炼钢铁的技术还处于初级阶段，不可能大规模地生产铁兵器。中国最早出现的是块炼铁，到春秋晚期出现生铁。块炼铁结构疏松、杂质多、质柔、硬度不够；生铁质脆，强度不够。这两种铁做一般铁工具可以，做兵器则不宜。到战国晚期，人们发现块炼铁经过反复加热锤打，可以逐渐减少杂质、渗碳而成块炼钢；生铁经过退火柔化处理可以提高韧性，从而为铁兵器的生产创造条件。但块炼钢及生铁脱碳处理减少脆性等生产，费时费工，效率低，影响了铁兵器大规模的生产。因此这时虽出现了铁兵器，但数量少，不可能取代铜兵器成为军队的主要装备。

到汉代，由于炒钢和灌钢法技术的发明，为钢铁兵器大规模生产创造了条件。炒钢是以生铁为原料，把其加热到液体、半液体状态，在强氧化气氛中脱碳成钢。脱碳速度快，生产效率高，成分可适当控制，产品质量较好。灌钢法发明于东汉时期，是以生铁和熟铁为原料。利用生铁含碳量高、熔点低、熟铁性柔、杂质多等特点，在半液体状态下进行混合冶炼，氧化反应剧烈，去渣能力强，容易得到含碳量较高的钢。把利用炒钢和灌钢法生产的钢，再经加热锻打制成各种铁兵器。这促进了铁兵器大规模快速生产。

在中国历史上，铁兵器取代铜兵器成为军队主要的武器装备大约始于西汉中晚期，直至东汉才完成，这与钢铁生产技艺的进步和生产规模的扩大是分不开的。

秦国的军队号称步兵百万、车千乘、骑万匹，所需兵器的数量巨大。在铁兵器的发展处于初级阶段时，只能主要配备铜兵器。再者，铜兵器发展到秦王朝时，制造技艺精湛，刃锋锐利，不是过时落后的兵器。

形制多样的铠甲

兵马俑坑出土的大批铠甲武士俑，其甲衣是用浅浮雕的方法雕成，形象逼真，甲的形制、甲片的大小及甲片的连缀方法，都与真实的甲衣相似。另外，在秦始皇陵的石铠甲坑的三个试掘方内出土石铠甲87领、胄（头盔）43顶、石质马甲1副。石甲、胄的形制亦与真实的甲、胄完全相同。以前没有见过秦甲的实物资料；殷周及春秋战国时代的铠甲在各地虽有零星发现，但数量少、类型不全、残破较甚。如此数量众多、形制多样、编缀方法明晰的铠甲，是考古史上一次空前的巨大发现。

铠甲是卫体的防护性装备。远在原始社会末期就出现了以整块兽皮或以大块兽皮缝制的甲衣；到殷商、春秋时代，盛行以小块皮革编联的札甲，有的在当胸部分嵌镶大铜泡或铜片，并出现了铜盔；战国和秦王朝时期虽然仍盛行皮革做的札甲，但已开始出现少量铁片编联的铁甲、铁盔；到汉代，铁甲、铁盔大量流行。

秦俑铠甲根据军阶高低而不同，现分述如下。

高级军吏俑的甲衣为彩色鱼鳞甲，由前身甲、背甲及肩甲（有的无肩甲）等部分组成。前身甲长及腹下，下摆呈等腰三角形；背甲长及腰际，下缘平齐；胸、背及双肩部分似为整片皮革做成，没有嵌缀甲片。腰部嵌缀细小的黑色甲片，配着朱红色的联甲带；前

○ 将军俑(一号坑)

○ 中级军吏俑(二号坑)

○ 中级军吏俑(一号坑)

胸、后背及双肩缀有彩带绾结的花结。甲衣通体彩绘，色泽艳丽，花纹高雅，显示等级的高贵。在缝制的皮甲上嵌缀有细小的铁甲片，这是皮甲向铁甲过渡阶段的产物，也是目前见到时代最早的彩色鱼鳞甲。

中级军吏俑的铠甲有两种不同的形制，第一种仅有护胸甲，没有背甲和护肩甲。双肩设背带交叉牵延系结于腰际，以把护胸甲固着于胸前。甲衣似在整片的皮革上嵌缀甲片，四周留有宽绰的边缘；甲片为褐黑色，配有白色的甲钉（联甲组的针脚）和朱红色的甲带，背带及甲周围的边缘上彩绘精美的图案花纹。甲的质地为皮甲，在大片的皮革上嵌缀方形、长方形的小皮甲片。甲的形制略显古老，但通体彩绘，亦显得艳丽、华贵。第二种为筒形彩色鱼鳞甲，由前身甲、背甲及肩甲三部分组成。前、后甲的长度相等，下摆平齐；前胸及后背上部为大片皮革，未嵌缀甲片，其余部分嵌缀细小的黑色甲片；甲的上部及四周的边缘，绘有四方连续的精美的图案花纹。此型甲的甲片较小，排列起来栉比如鱼鳞，亦为彩色鱼鳞甲。甲的质地，是在大片皮革上嵌缀细小的铁甲片，也有可能为细小的皮甲片，亦是皮甲向铁甲过渡阶段的鱼鳞甲。

下级军吏俑的铠甲由前身甲、背甲及护肩甲三部分组成。质地为皮甲，是由方形、长方形及不规则形的小皮甲片编缀而成。甲片为褐黑色，联甲带为朱红色；甲上没有彩色图案花纹。此型甲与一般士兵俑的铠甲形制相同，但较士兵铠甲的甲片小，甲札多。

御手俑的铠甲有两种不同的形制。第一种为筒子甲（呈圆筒形

○ 中级军吏俑(一号坑)

○ 御手俑(二号坑)

○ 步兵俑(一号坑)

的铠甲），由前身甲及背甲两部分组成，无护肩甲。甲片为褐黑色，联甲带为朱红色，甲片较大，当为皮甲。此型甲为高级军吏及中级军吏俑指挥车上御手俑的甲衣。第二种铠甲，由前身甲、背甲、护臂甲、护手甲及颈甲等五部分组成。此型甲较其他型甲增加了护臂甲、护手甲及颈甲，护臂甲长及手腕，形状呈覆瓦形，把臂全部罩于甲下；护手甲呈拱曲的舌形，由3片甲片组成，正好把手罩住；颈甲由3块弧形甲片组成，围颈一周，前侧开口。全身共有甲片327片。甲片为褐黑色，联甲带为朱红色，质地似为皮甲。此型甲为一般战车上御手俑的甲衣。

骑兵俑的筒子甲，甲身长及腰际，双肩无护肩甲，比较轻巧，利于骑射。甲片为褐黑色，联甲带为朱红色，质地为皮甲。

步兵俑的铠甲由前身甲、背甲及肩甲三部分组成。甲片较大，甲札较少，甲的质地为皮甲。此型甲出土的数量最多，为秦军广大士兵通用的甲衣，是秦甲的主流。

为让读者对秦军的防护装备获得较全面的了解，下面我们顺便介绍一下石铠甲坑出土的马甲及头盔。

虽然兵马俑坑内不见马甲和头盔，但是在秦始皇陵石铠甲坑却出土了石质马甲1副，头盔43顶。

石马甲由颈甲、当胸甲、身甲、搭后甲等部分组成。每一部分都由若干块小甲片编缀而成，把马的颈部、躯干及前胸、后臀全部罩于甲下。马甲的头部尚未全部清理出来，是否有护面甲（又名面帘）尚不清楚，依理推测应有护面甲。甲片为石质，用铜丝编缀而成。石甲为明器，应是皮甲的模拟。马脊背亦被甲片覆盖，没有预留放置马鞍及鞯的空间，说明此马甲不是骑兵的马甲，当为车马的马甲。

头盔由74片石片用铜丝编缀而成，通高31.5厘米，重3168克，为明器，不是实用器，是皮盔的模型。

从兵马俑坑及石铠甲坑大批盔甲模拟品中我们发现，秦军铠甲有如下主要特征。

第一，秦代铠甲是分等级的，高级、中级、低级军吏及一般士兵各有不同形制的甲衣，区分明显，一望便知其职位的高低。

第二，不同的兵种有着不同的防护装备。秦军根据不同兵种实战的需要采用不同的防护措施，是防护装备史上的一大进步，具有划时代的意义，秦军为此开了先河。

第三，关于鱼鳞甲。以往人们认为它始创于汉代，从俑坑出土的彩色鱼鳞甲来看，它是皮甲向铁质鱼鳞甲的过渡形态。但从石铠甲坑出土的鱼鳞甲的形制及编缀方法来看，它与汉代的铁质鱼鳞甲相同，说明鱼鳞甲创始于秦，流行于汉。

第四，秦甲的甲片较前代趋于小型化；甲片的编缀方法较前代也有较大的改进，已能根据人体的弯腰、挺腹、侧转、举臂、站立或跪坐等活动的需要，合理地安排甲片的叠压和编联。编联的方法已规范化、定型化，对后世有较大的影响。

第五，关于马甲的问题。石铠甲坑出土由石片编联成的马甲1副，这是秦马甲的第一例实物资料。马甲始于何时？从文献资料来

○ 石质头盔(石铠甲坑)

○ 石铠甲(石铠甲坑)

○ 马甲推测复原图

看，春秋初期秦襄公时的车马已披甲（《诗·秦风·小戎》）。关于马甲的实物资料，最早见于战国早期曾侯乙墓出土的一些马甲残片。湖北荆门包山战国楚墓出土的皮马甲保存较好，但胸、背部分防护不完善。像秦始皇陵石铠甲坑石马甲这样防护完善、保存较完整的马甲，在中国考古史上还是首次发现。

车马披甲成为重装车，用作冲车，具有较大的威力；但它臃肿、笨重，行动不便，所以在战国及秦王朝时多用轻车，马不披甲。兵马俑坑出土的战车均为轻车，到汉代，战车逐渐退出舞台，车马的马甲也随之消失。战国及秦汉时不见骑兵的马甲，到东汉末年及魏晋南北朝时已有较完备的骑兵铠甲，唐代开始衰落。

总之，秦甲类型丰富，编缀科学，在中国防护装备史上留下了宝贵的篇章。

远在新石器时代，中国的陶塑艺术已经出现，如辽宁牛河梁女神庙遗址出土的近似真人大小的女性头像，是五千多年前的艺术佳作。到春秋战国之际，随着社会变革和丧葬制度的变化，开始以俑代替活人殉葬，使得陶塑和木雕的俑逐渐盛行起来。这时作品还比较古拙，形体小，数量少。但是，秦始皇陵兵马俑异军突起，塑造了和真人、真马大小相似的兵马俑群，以磅礴之势震惊世界，可谓史无前例。它是雕塑艺术的宝库，东方艺术的明珠。

纪念碑式的大型群塑

　　秦俑艺术的一个突出特征是它写实的艺术风格。它在整体布局上模拟秦军的编列，约8000件与真人、真马大小相似的陶俑、陶马，一列列、一行行排列有序，部伍严整，像个庞大的地下军团，场面壮观，气势磅礴，令人心灵震撼，显现一种崇高的境界。

　　在构图思路上，它不是塑造秦军与敌人英勇格斗的场面，也不是一般常见的车马仪仗的出行，而是捕捉了严阵以待、整装待发的情景。7000多个手持实战兵器的武士俑肃然伫立、斗志昂扬；战车的四马已驾，攒蹄欲行；骑兵的战马奋鬣扬尾，跃跃欲战。这一切

○ 一号坑军阵（局部）

给人的强烈感受是"势如旷弩，节如发机"（《孙子兵法·势篇》）；只要一声令下，就将"若决积水于千仞之谿"（《孙子兵法·形篇》），汹涌澎湃，触之者摧。那十百为群、百千成阵的千军万马，凝聚着摇山撼海之力，是秦人信念、力量和进取精神的体现。

这种模拟三军的宏大构图，在中国和世界雕塑史上都是十分罕见的。它把两千多年前秦军的风采展现在人们面前，人们自然而然地会联想到秦始皇那"振长策而御宇内"的伟大气魄，以及秦军叱咤风云、统一中国的宏伟业绩，具有纪念碑式的宏阔意境。

同时，在局部处理上极力模拟真实，追求与实体相似。战车的形制、结构和大小尺寸，都与真车没有差异。车前驾的四马，马的络头、衔镳、鞦辔等驾具齐全；每件陶俑都经过精雕细刻，俑的甲衣、冠履、服饰和发型发式等，都与实物一样逼真；连鞋底纳的针

○ 陶俑的发纹（一号坑）

○ 跪射俑鞋底纹饰（二号坑）

○ 陶俑的发髻、发辫(二号坑)　　○ 陶俑的发髻(一号坑)　　○ 陶俑的胡须(二号坑)

脚的疏密分布，甲片编联的针脚、发绳和发带绾结的来龙去脉等细枝末节，都一丝不苟，与实物相同。俗话说："画人难画手，画马难画走。"陶俑双手的塑造惟妙惟肖，手掌肌肉厚薄的变化，指节的粗细、长短和纹理的表现，都酷似实体。

陶俑个体的塑造带有一定写生性、肖像性的特征。但这种写实性又与西方写实主义的作品不同，它带有一定的主观性和写意性。例如陶俑躯干的塑造，手法比较概括，求其形似；陶俑胡须的雕刻，不是追求毛根出肉的真实，而是形、神的逼真。

写实是中国泥塑固有的风格，远在原始社会后期的新石器时代，就有许多写实主义的优秀作品。秦俑雕塑艺术继承了这一传统并将其发扬光大，提高到一个崭新的高度。

秦俑艺术的另一个突出成就是大面积地展示了中国人的形象美，千人千面。秦俑的作者抓住不同身份、不同人物的性格和面貌特征，塑造了多种多样的人物典型。就陶俑的面型来说，有国字形、田字形、目字形、甲字形、由字形、申字形、风字形等各种不同的面型，中国人所有的面型在秦俑中都有体现。而每一型中又多彩多姿，个性鲜明。既有中原地区汉人的形象，又有西南及西北地区少数民族的形象。有的俑面庞为长方形，阔额宽腮，五官粗犷，显得淳朴憨厚，一望便知是关中秦人的典型形象，至今在陕西农村中仍比较常见。有的俑有一张方正的田字形面庞，五官清秀，神态机敏、睿智，似来自巴蜀地区的士卒；有的容颜浑厚，宽宽的额头微向后缩，高颧骨，宽耳轮，结实、强悍，具有陇东人的特征；有的高鼻梁，高颧骨，络腮大胡，好像来自西北地区少数民族士卒的形象。秦国军队的战士主要是关中地区的秦人，同时也有来自其他地区者，秦俑的造型再现了这一真实历史，展现了各族人民的形象美。

譬如将军俑的形象：有的身躯魁梧，五官粗犷，双手拄剑，巍然伫立，有种非凡的气度和威严的魅力；有的面庞修长，一把长须，气质稳健风雅；他一手缩于袖管内，另一手拇指捏住食指，似在掐指谋算，显得足智多谋；有的大头阔面，容颜浑厚，显得淳朴憨厚，额头上的皱纹似又表明是出身卒伍、久经战场锻炼之将领。

一般士兵俑的形象更是多种多样：有的体魄健壮，立如铁塔，神态英武；有的身材修长，五官清秀，性格文雅；有的为年轻的小战士，圆润的面庞，眉宇舒展，带着天真活泼的稚气；有的额头已有皱纹，年龄略大的老战士则神情肃穆、稳健。数千件武士俑，就像有血有肉的活生生的人物，这里难以一一描述。中国著名艺术家王朝闻先生说：这些陶俑"越看越觉得人物的神态很不平凡——在严肃中显得活泼，在威猛中显得聪明，在顺从中显得充满自信等等引人入胜的个性特征"（《秦俑学研究》第814页，陕西人民教育出版社1996年版）。

　　大型群塑如何避免千人一面的弊端，这是古今中外雕塑家最难解决的一个问题。近8000件兵马俑群塑却突破了这一难关，千人千面，可以说是雕塑艺术史上的奇迹。

精湛的技艺

秦俑艺术的突出成就还表现在它精湛的艺术技巧和技法上。它集中国先秦时代泥塑艺术之大成，并使其发展到一个新的高度，表现在如下几个方面。

第一，把圆雕、浮雕和线刻有机地结合起来，运用塑、堆、捏、贴、刻、画等技法，来显示立体形象的体、量、形、神、色、质等艺术效果。这说明两千多年前中国的泥塑已形成一套比较完整、系统的技法工艺。在堆塑或局部用模塑出大型的基础上，再用"多种特制塑刀等工具作平面塑型，拉线、印花、挑、填、括（刮）、磨等手法塑造加工；使肌肉、五官须发等产生不同的体量与质感，塑造出同一类型而性格各异的形象"（傅天仇语，《秦俑学研究》第828页）。这套技法对后世的泥塑有深远的影响，直到今天仍然适用。

第二，绘塑结合，是中国古代雕塑的传统技法。秦俑承袭了这一传统，原来陶俑身上的彩绘由于经过秦末项羽军队的焚烧和自然力的破坏，颜色仅存残迹。近几年来出土了一些颜色保存较完整的陶俑，使人得以目睹它原来的风采。陶俑手、足和面部的颜色多为粉红色，但在二号坑却出土1件绿面俑，一时在国内外引起轰动。为什么会有绿面俑呢？人们做了种种猜测。其实这里牵涉到古人对色彩的认识。古人把绿色称为苍黄之色，如说"绿云""绿发"，是指灰暗之色。一号兵马俑坑T19方出土的两匹陶马，受光面涂枣红色，头的颌部及腹下的背光面涂绿色，说明秦人把绿色视为灰暗色。现实生活中灰黑色面孔的人是存在的。这种颜面的人一般气度勇猛、力大。秦俑面部、手、足涂粉红色，用的也是近似色。不过粉红色与人皮肤的颜色反差较小，人们并不觉得奇怪。而绿色与人的皮肤的颜色反差较大，故今人感到十分惊奇。用近似色而不用接近真实的调和色，这反映了秦王朝时人们对色阶的认识和调色技能方面的原始性。总的来说，陶俑的色调明快、艳丽，显得气氛热烈、活泼，富有生气。在绘与塑关系的处理上，作者注意到了二者互相补充、配合后的效果。如眼睛雕得小些，眼球较平缓，绘上白睛黑眼珠，就变成了大大的眼睛，非常精神。马嘴的开张及鼻孔塑得小些，绘上红舌、白齿和肉红色的

○ 绿面跪射俑头像(二号坑)

○ 陶俑头部特写(三号坑)

鼻孔后，就有了鼻孔粗大翕张、张口嘶鸣的形象，取得绘塑相得益彰的艺术效果。

第三，艺术的夸张与提炼概括技法的运用。例如陶俑眉毛的塑造加上了眉毛的厚度，把眉骨塑得有棱有角，近看觉得形似，远看使人物的面目明快、清晰。秦俑的胡须，有的塑得飞起来、立起来、翻卷起来，这种夸张并不使人觉得不真实，反而让人感到人物的性格鲜明、突出。

陶马的塑造也是如此。四肢用大刀阔斧的手法砍削，前圆后方，棱角分明，像是透皮见骨；胸部用夸张的手法塑得肌肉厚重，肌腱隆凸；臀部塑得圆润丰满，背部微凹带有节奏的韵律。马头的塑造

○ 下级军吏俑及武士俑（一号坑）

比较细腻，手法多变；头如剥兔，睛如悬铃，双耳尖小而厚，显得十分机警。陶马的造型，被许多雕塑家誉为典型的成熟作品。

第四，延迟模仿的写实技法。面对秦俑逼真、生动的形象，人们往往会提出：这些俑是不是以真人作为模特儿塑造的？可以肯定地说是以真人作为原型塑造的，但与西方艺术家面对模特儿写生、模仿、创作的方法不同，它是采用观察、领悟、记忆、再现的途径创作的，创作时不面对对象摹写。邱紫华先生指出：这种方法是"延迟模仿"，"是原始绘画、雕塑的根本方法"，中国和东方艺术继承了这一传统；后来经过不断升华，把"目识心记，以形写神"作为中国造型艺术的美学原则。（《秦俑学研究》第927页）

秦俑的作者是从全国各地征调来的从事制陶业的能工巧匠，他们对以农民为主要成分的秦军形象是熟悉的，已"观之于目，了然于心"，把现实生活中无数的形象进行归纳、提炼，较之生活原型更为鲜明。尤其是参与制作的人数众多，各人的生活体验不同，对所摹写对象最鲜明特征的捕捉也有差异，因而秦俑千人千面，神态各不相同。延迟模仿的形象，既是写实的，又带有主观性、意象性的特征。

第五，一个有趣的问题。俑坑出土的数千件武士俑形体高大，一般身高都在1.8米左右，最高者2米，最低者1.72米。这引起人们极大的兴趣，由此误认为秦人比现代中国人高。从考古发掘的数千座秦墓出土的人骨来看，秦人和现代人的高度大体相当，古代身高八尺（约1.85米），被认为是彪形大汉，现代身高1.8米的人已较多。

一号坑的前锋部队

由此可见，秦俑的身高略高于当时的真人。

为什么秦俑的塑造要略高于真人呢？雕塑艺术有条重要的规律，那就是要使雕塑作品感到与真人一样大，一定要高于真人；如果与真人一样大，看起来一定比真人小。这是视觉差造成的。一些雕塑家说：这个重要的雕塑艺术的视觉规律，在两千多年前的秦俑雕塑中已体现了，说明当时已掌握了这条艺术规律。另外，也有的历史学家做了不同的解释，认为古代的士兵要选拔身材高大者。何种解释为是，暂难确断，这里姑且作为问题提出。

从上述秦俑艺术主要成就来看，中国的雕塑艺术到秦代已达到相当高的水平，形成了自己民族的风格，是比较成熟的作品，是中国古代雕塑史上第一个成功的典范，对后代有着深远的影响。

面对秦俑艺术，有几点引发我们的思考。

第一，过去人们认为西汉霍去病墓前的石刻是中国写实雕刻启蒙时期的作品。面对秦俑群塑这一比较成熟的写实主义作品，这种看法是否还能够成立？

另外，以往有人认为中国的雕塑在古代没有写实能力，只能搞得很粗犷，只能是那么一种古拙的风格。面对秦俑的发现，这一论断是否需要重新检讨？

第二，以往人们认为中国的雕塑艺术是在南北朝时期受佛教造像的影响发展起来的。面对秦俑艺术，这种观点是否应做修正？我认为正是因为中国的雕塑已有深厚的根基，外来的造像风格才能很快地被吸纳变成自己民族的风格，从而促进雕塑艺术的发展。一个没有自己民族深厚文化艺术底蕴的民族，只能被外来文化所征服。

第三，关于雕塑发展取向问题，台湾学者陈英德先生说："近半世纪来，由于西方艺术的冲击，使大家似乎只习惯于希腊、罗马……的雕刻美，而对于以汉族形象为中心的美似乎丧尽了自信心。这批武士俑正把汉族形象的美，作了一次大面积的展示，使我们得到一次反省学习的机会。""一个民族的形象，如果在艺术中被另外一个民族的形象所取代，那实在是一个民族自信心沦落的最大败征，说来是最令人悲哀的事！"（《中国写实雕塑的成就——秦陶俑》，《雄狮美术》1981年第11期）美是没有贵贱、高低之分的。每一个民族都有自己民族的形象美。在吸纳外来文化的过程中要注意自己民族风格的继承与发扬。

第四，以往由于资料的匮乏，在学术界形成一种传统的看法：认为秦王朝国运短暂，在文化艺术方面缺乏新的建树。秦俑艺术辉煌的成就，是对这一传统观念的修正。

俑坑内的陶俑、陶马都是以手塑为主，俑头和马头曾借助模控制大型制成粗胎，再经细部雕饰。成型阴干后入窑焙烧，出窑后通体绘彩。成型的工艺流程亦采用自下而上的逐步叠筑法；烧成的温度约为1000℃，施色前亦涂一层生漆作底，面部及手足平涂粉红色，短裙上彩绘精致的图案花纹。所用的泥土为当地的黄土，经淘洗去掉杂质后再加石英砂调和而成，使陶俑不致变形或倒塌。

○ 将军俑（一号坑）

伟大的工匠

兵马俑已享誉世界，受到人们的普遍喜爱。这些艺术珍品是谁制作的？笔者根据多年来的细致观察，发现在陶俑身上的隐蔽处有戳印或刻写的陶工名，目前已发现87个不同的人名。这些人都是富有实践经验的优秀陶工，是秦俑艺术的创造者。

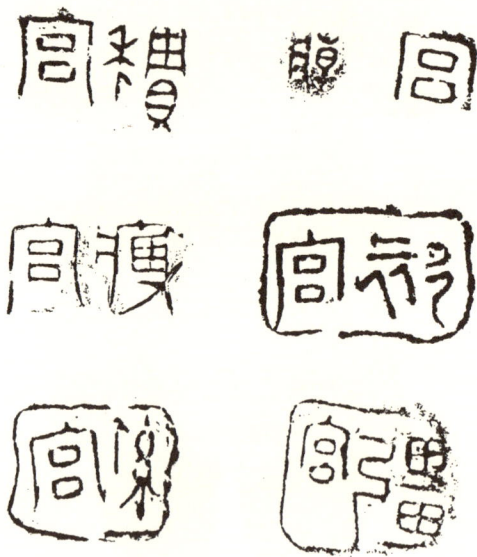

○ 陶工名

○ 陶工名

目前发现的陶工名大约可分为四类：一是在人名前冠一"宫"字，简称为宫字类；二是在人名前冠一"右"字或"大"字；三是在人名前冠一地方名；四是仅具人名。

第一类陶工名有宫彊、宫得、宫系、宫臧、宫欶、宫庄、宫朝、宫颇、宫魏、宫等。"宫"是宫司空的省文，为中央官署机构名。"宫"字下面的彊、得、系、臧、欶、庄、朝、颇、魏等，为人名。他们都是宫司空这一官署机构辖属制陶作坊内的陶工。

第二类陶工名有右衣、大羟、匠等。"右"为中央官署右司空的省文，"衣"为右司空辖属的制陶作坊内的陶工名。"大"和"匠"，为大匠的省文。大匠即掌治宫室、负责土木工程的将作大匠的省称，"羟"为制陶工匠名。

第三类陶工名有咸阳衣、咸阳危、咸阳野、咸阳赐、咸阳午、咸阳笱、咸阳高、咸阳秸、咸阳庆、咸阳虔、咸敬、咸、咸行、栎阳重、临晋乖等。"咸"是咸阳的省文。咸阳、栎阳、临晋、安邑等均为地名，地名下面的衣、危、野、赐等都是陶工名。他们来源于不同的地区，故在其人名前冠一地名。

第四类仅有陶工名，如王、田、丁未、谈留、越悁、大速、安、屈、吴、小辰、车、脾、冉、次速、小速等。

上述四类陶工名，前两类的陶工来源于中央官署机构的制陶作坊，第三类陶工来源于地方的民间制陶作坊或市府制陶作坊，第四类陶工来源不明。根据前几类陶工名省称的规律，是省去官署名、地名，仅存人名，如"宫得"省称为"得"，"咸阳高"省称为"高"等，由此推知第四类陶工名是来源于中央官署或来源于地方陶工名的省称。由此看来，制造陶俑、陶马工匠的来源可分为两大类：一是来源于中央官署的制陶作坊，二是来源于地方的制陶作坊。

这些陶工原来是干什么的？我们在秦始皇陵、秦都咸阳等地出土的砖瓦上也见相同的名字，如宫得、宫系、宫臧、宫欶、大羟、高、悁、田、王、尚、安、申、北等，说明这些人原来都是烧造砖瓦、陶器的工匠。可能因为他们技艺高超、经验丰富，被征调来从事兵马俑的制作。

○ 咸字俑　　　　　　　　　　　　○ 宫字俑

为什么要在陶俑上刻上或戳印制作者的名字呢？秦自商鞅变法后，为加强对官府手工业产品质量的管理，实行"物勒工名"的生产责任制。所谓"物勒工名，以考其诚；工有不当，必行其罪，以穷其情"（《吕氏春秋·孟冬纪》）。因此，在陶俑上留下作者的名字，是为了有备于上级对质量的检查。当然，能够留下名字的人都是制作陶俑的组织者和技艺的指导者，名曰工师。他们每人下面都带有一批助手和徒工，估计有数百人乃至上千人参加了兵马俑的制作。集合如此多的人从事一项艺术创造，在中外雕塑艺术史上都是十分罕见的。

那么，兵马俑坑是谁主持设计的？其目标和要求是什么？

兵马俑坑是谁主持设计的，文献失载，今天已无法确知。秦始皇陵的规划蓝图，最早是由相邦（丞相）吕不韦受王命主持设计的；后来丞相李斯奉秦始皇的旨意对蓝图做过修改使陵园的规模扩大。兵马俑坑是在公元前221年至公元前210年间修建的，在此期间的丞相有隗状、王绾、冯去疾、李斯等人。这几人中谁是兵马俑坑的设计主持者已难确切地判断，只能笼统地说是由丞相主持设计的。

春秋战国时期，小型古拙的俑虽有零星发现，但处于初始阶段，因而也就没有专门从事人物造型的艺术家。从各地征调来的陶工，原来只是烧制砖瓦、陶器的工人，一些小型的动物、人物塑像多是作为器物的附件塑造的，因而塑造与真人、真马大小相似的陶俑、陶马，对他们来说是陌生的，是项开拓性、创造性的工作。他们凭着已有的陶塑经验及智慧，出色地完成了数千件陶俑群塑，开了中国大型群塑的先河，使这一群塑成为人类文明史上的伟大奇观。

陶工出身于社会底层，地位低微。陶俑、陶马上出现陶工名，本是统治者便于考核其制作质量的需要，却意外地留下了这批艺术大师的名字，他们的名字必将永垂青史。

百戏俑坑

百戏俑坑位于秦始皇陵东南部的内外城垣之间，是考古人员进行陵园钻探时发现的。坑的平面呈不规则的东西向长方形，面积约700平方米。1999年进行了局部试掘，出土与真人大小相似的陶俑11件及大铜鼎1件，俑均已破碎，经修复已复原了6件。俑的姿态各异，是一批百戏俑群像。

扛鼎俑（3号俑）

此俑的头尚未清出，右臂从肘关节以下残缺，其余部分完整。从足到肩部高1.62米，原身高应为2米左右。俑作立姿，上身和腿、足赤裸，下身着长度及膝的短裙。俑的双足各立于一块长方形的陶板上。左足向前跨出小半步，左腿微弓，右腿直立，左臂自然下垂，左手握住腰带；右臂上举做托物状。身体魁梧高大，四肢粗壮，鼓腹挺胸，洋溢着刚毅之气，蕴含着内聚的强大力量。

扛鼎是流行于战国、秦汉时期的一项比试力量大小的竞技项目，深受人们喜爱。《史记·秦本纪》记载：秦武王力大无比，常与一些大力士举鼎比试力量的大小。公元前307年，武王与大力士孟说（yuè）比试举鼎，不幸小腿骨折断，不久身亡。可见扛鼎这一竞技项目在秦之盛行。古代力能扛鼎是勇武超人的表征。比如说项羽身

○ 扛鼎俑(3号俑)　　　　　　　　　○ 寻橦俑(5号俑)

高八尺余，"力能扛鼎"。扛鼎本是军队的习武活动，后演变成一种专门的竞技项目，让大力士在宫廷表演，博取欢娱。

寻橦俑（5号俑）

寻橦，即现代杂技节目中的竿技。此俑的头尚未清出，其余部分基本完整。足至肩高1.68米，加上头后原高应为2米左右。上身及四肢赤裸，下身着长度及膝的短裙。膀宽腰圆，体魄健硕，立如铁塔，是典型的大力士形象。双足左右分张，双臂向前微举，双手紧握腹前的前襟（状如小裙），挺胸鼓腹。左臂与左胁间有一径10厘米的圆孔，圆孔与下体左侧的一上下直行的沟槽相对应，说明圆孔和沟槽内原来插有一粗壮的长竿，下端抵地，高度不明。根据汉代画像石图像，竿的顶端还应有一横竿，另有几位演员缘竿上下及在横竿上表演各种惊险动作。

此力士俑为抱竿者，竿的下端抵地名曰地橦。地橦亦可转换为其他承橦方式，如力士把地橦托起置于额上，名曰额橦，置于嘴上，名曰口齿橦；托于手掌上，名曰承橦；置于腹上，名曰腹橦，变化多端。另有几位演员缘橦上下攀缘翻滚，或倒立，或悬挂，如猿之轻捷，鸟之飞跃，令人惊心动魄。此为秦汉时宫廷的一项重要娱乐活动。

旋盘俑（2号俑）

此俑左臂、左腿残缺，通高1.78米。上身及四肢赤裸，下身着短裙，脑后绾圆形发髻。上身笔直，左腿缺失，姿态不明；右腿弓曲，足尖抵地，足跟抬起，似做金鸡独立动作。右臂向外侧平伸，小臂折曲上举，食指与拇指上指，其余三指做半握拳状。食指的顶端有一径0.4厘米、深12厘米的直孔穿透食指深及掌心，说明孔内原插一细棒，棒端持有不太重的器物，此与旋盘的姿态情况相同。

旋盘在古代又名"擿盘""舞杯盘"，即今日杂技中的"转碟"。旋盘的技法有两种：一是手持棒旋盘，二是以手指旋盘。以棒旋盘又有单棒和双棒旋盘的区别。此俑食指顶端有一直孔，孔内插一细棒，说明是单棒旋盘。这是目前已知资料中旋盘杂技最早的实物例

○ 旋盘俑(2号俑)　　　　　○ 角抵俑(4号俑)

证。以往人们认为旋盘始于东汉，流行于晋。秦始皇陵旋盘俑的发现，说明秦代已出现此种杂技。两千多年来这一技艺流传不衰，并不断翻新，至今仍深受人们喜爱，成为杂技百花中的一朵奇葩。

角抵俑（4号俑）

该俑头、足缺失，残高1.35米。上身及四肢赤裸，下身着短裙，双手置于腹前做握物状。四肢粗壮，肌肉发达，虎背熊腰，立如铁塔，有千钧难以撼摇之势。威武的雄姿及暴起的肌肉，显示了剽悍的性格及力拔山兮气盖世的壮士气度，是角力士的典型形象。

角抵，即角力，是两两相对较量力量和技艺的一项竞技项目。竞技的形式很多，有的徒手相搏，有的持械相搏。所持的器械有剑或戟、杖等。持械相搏的角抵，后来变成一种武舞。百戏俑坑出土的这件俑双手做握物状，是持械角力士的形象，所显示的不是两个勇士正在相搏的场景，而是准备搏斗前的瞬间形象。

轻巧技艺型竞技俑

百戏俑坑试掘方出土的1号俑，头缺失，残高1.52米，加上头后原高应为1.8米左右。上身及四肢赤裸，下身着短裙。身材劲健、轻捷，神态机敏，不是力士俑的形象，应为轻功技艺型的演员。双足分张站立，双手交垂于腹前，其姿态、神情是处于即将上场表演前的准备阶段。所表演动作的内容已不可确知，可能是翻腾、倒立，或是缘橦上下做各种惊险动作，给人留下广阔的遐想空间。

百戏俑坑出土的6号俑，缺头，双臂半残，残高1.52米。上身及四肢赤裸，下身着短裙。双足各立于一长方形足踏板上。左足向前跨半步，膝部微屈；双足一前一后做行走状。左臂上举，右臂横屈于腹前。因双臂半残动作不明，根据其匀称的身材看，好像正在做轻巧技艺性的某一节目的表演。

百戏俑坑尽管尚未全部发掘，今后还会有其他类型的俑发现，但这批百戏俑群塑是继兵马俑坑之后在秦代雕塑艺术史上又一重大

○ 百戏俑(6号俑)　　　　○ 百戏俑(1号俑)

的发现。

　　百戏俑与兵马俑和先秦时代人体造型的风格不同。兵马俑及先秦俑身上都雕着衣服，只能透过衣服高低起伏的变化来了解人物体态的特征。这批百戏俑上身及四肢赤裸，使人能真切地看到人体筋骨、肌肉的自然形态美，令人耳目一新，是中国人体造型艺术上的一朵奇葩。人体各部的比例合度，筋骨、肌肉的变化符合解剖关系。粗壮的四肢与健硕的身躯相谐调；大块坚硬的肌肤、凸起的肌肉板块，与其动作互相呼应协调，无臃肿笨拙之容，显现的是健美男子的阳刚之气。而清秀型俑无乏力之态，肌肤圆润、结实，显现了东方青年男子的勃勃英姿。

兵马俑和先秦时代的俑多是静态的写实，静中寓动，而百戏俑是通过姿态变化来显示现实的场景。这种动态的写实给人以美的享受，是比较少见的中国古代人物造型，它所再现的虽仅是瞬间的动作，但给人留下广阔的想象空间，引人无限遐想。

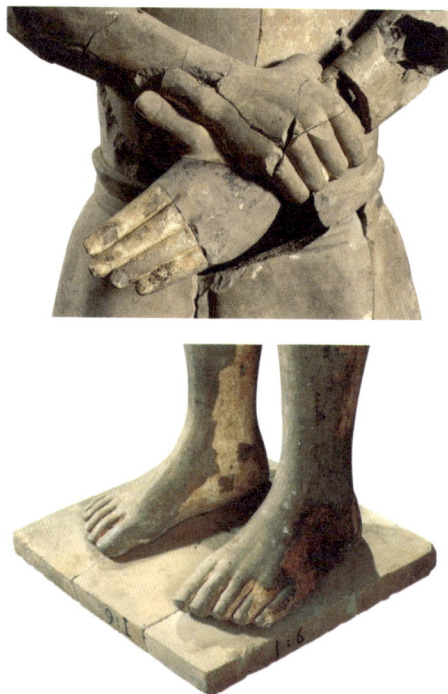

○ 1号百戏俑（局部）

百戏俑不是全裸，而是穿着短裙，这种半裸身躯的习俗被汉代所承袭。《汉书·广川惠王传》记载：广川王刘去"数置酒，令倡俳裸戏坐中以为乐"。汉墓出土的百戏俑及画像石、画像砖上的百戏人物图像，半裸者较为习见。

百戏俑的制作工艺与兵马俑基本相同，制造者为同一批人，制作的时间当为一前一后相距不远，或者是同时制作的。

百戏俑的发现也为人们了解秦宫廷的娱乐生活提供了珍贵的实物资料。《史记·李斯列传》记载：秦二世曾在甘泉宫作"角抵优俳之观"。这说明秦宫廷中是有百戏娱乐活动的，但百戏节目的内容，人们一直模糊不清。百戏俑坑的发现，使人们获得了具体、形象的认识。

马厩坑

　　秦始皇陵目前发现的三处马厩坑，是中央厩苑。曲尺形马厩坑位于秦始皇陵西侧的内外城垣之间，为宫廷及中央官署提供马匹。K0006号马厩坑位于秦始皇陵内城的南部，靠近陵墓的地宫，是供秦始皇亡灵御用车马的御苑。小型马厩坑位于外城垣的东侧，是属于京城近郊的厩苑，其所养的马除供选作御用及宫廷、中央官署使用外，主要为中央军提供马匹。下面就三处中央厩苑简单介绍如下。

　　曲尺形马厩坑平面呈曲尺形，由东西向和南北向两条主隧道及一些侧室、甬道、斜坡形门道等部分组成，面积为2375平方米。1977年曾做过局部试掘，在试掘方内出土了许多马骨。马三匹一组放在木椁内，一组组密集排列，估计全坑约有马三四百匹。另外，还出土了与真人大小相似的陶俑11件。其中有武士俑2件，其职责是负责厩苑的安全、保卫任务，身份为卫士；袖手俑9件，是掌管饲养马的人员。古代把养马的人员称为圉人，掌管养马的人员称为圉师。

　　武士俑出土时已成碎片，经拼接后测量，通高1.82米，身穿齐膝长衣，腰束革带，足蹬方口齐头履，头顶右侧缩圆丘形发髻；武士俑左臂自然下垂，右臂前屈做持戈、矛等长兵器状，面南站立，面前有马骨。此俑的姿态、服饰、发型与兵马俑坑出土的步兵俑完全相同。

　　9件袖手俑中修复2件，其服饰、姿态基本相同：身高1.8米，身穿长度过膝的长衣，腰束革带，下着长裤，足蹬履，头戴长冠，双手笼于袖管内，肃然伫立，神态恭谨，是厩苑内管理养马事宜的下级文职小吏。俑的姿态与兵马俑坑出土的俑不同，但服饰与冠履却相似：服装为窄袖口，长度及膝，便于劳作，是当时劳动者的常服，也是士兵自备的军服。兵马俑坑出土戴长冠的俑都是具有低级爵位的下级军吏，此俑也戴长冠，说明其身份高于无爵位的一般养马的仆役。此俑雕造的技艺风格与兵马俑坑中"宫丙"这个陶工所制作的俑十分相似，可能是同一陶工的作品。

　　K0006号马厩坑位于秦始皇陵现存封土堆的南边约50米处。坑的平面呈不规则的东西向长方形，由前、后两区及一个斜坡形门道组成，坑东西长45.8米，南北宽3.9～6.95米，距现地表深4.6～6.4米，面积224.89平方米。2000年对该坑进行了发掘，在前区出土木车（遗迹）1乘，陶俑12件，铜斧4件；后区密集地布满凌乱的马骨，估计有马二三十匹。

　　12件陶俑（编号1～12号）出土时均已破碎，但原来站立的位置没有大的变动。1号俑在前区南侧的一耳室口部面北站立；2～11号俑紧靠前区南壁做面北一字形排列；12号俑在前区的东侧与后区相通的甬道口处面西站立。俑的大小与真人相似。依据姿态的不同大约可分为两类，袖手俑8件，御手俑4件。

　　8件袖手俑的服饰、姿态基本相同：身高1.85～1.89米，上身穿

○ 袖手俑之一

○ 袖手俑之二

○ 袖手俑（K0006号坑）

交领右衽长衣，腰束革带，下着长裤，足蹬方口齐头履，头戴冠。双臂微向前屈，双手笼于袖管内，右侧腰际的革带上悬垂有陶塑的削、砺石袋等。

御手俑出土于车迹后稍偏南处，身高1.9米，头戴冠，身穿齐膝长衣，腰束革带，下着长裤，足蹬履。双臂前举，双手半握拳做紧握马缰状。

这批俑造型的基本特征与曲尺形马厩坑出土的袖手俑的形态基本相同，都做恭谨的肃立状，身躯垂直，形同圆柱，稳定感很强。凹腰鼓腹、衣摆外侈并向后撇，给笔直的身躯增添了些许变化。这种圆柱形或圆筒形的造型风格影响深远，是中国历代陶俑造型风格的主流和主要模式。

御手俑与兵马俑坑御手俑的造型风格完全相同。上体微向前倾，双臂前举，双手紧握马缰，目光略略下视，意念集中，显示着车马已驾、马攒蹄欲驰的强烈意境，是比较成功的写实主义作品。

这批俑的制作工艺与兵马俑基本相同，令人惊奇的是这批俑的面型及五官的特征在兵马俑坑内都能找到相同或相似者，二者好像亲兄弟一般；只是一是在马厩坑服役，一是在兵马俑坑服役。说明这批俑与兵马俑坑的俑是同一批陶工的作品。

关于这批俑的身份以及坑的性质，学术界尚未达成共识。有人认为6号坑可能"象征的是秦代由文职人员执掌的主管监狱与司法的廷尉"。其主要依据是坑内出土的4件铜钺（铜斧），钺是权力的象征；俑的腰际佩有削（书刀）和砺石，是文官。但这一说法曾遭质疑。因为在秦始皇陵东侧小型马厩坑内曾出土与铜钺形制完全相同的铁斧21件，是用来剁草饲马的工具，故定名为铜斧似较妥帖。再者，该坑出土了大量的马骨，马是该坑的主体，俑是附属部分，是主管养马的人员。因为是为皇帝的御用马厩养马，所以地位较高，是具有低级爵位的下级小吏。秦代厩苑的管理非常严格，马建有马籍，领取和发放饲料都建有账目，稍有差错即会受到严厉的惩罚。管理马的人员腰际佩削和砺石是合乎情理的。古代的削除了做书刀用外，亦可做生活用刀，汉代画像石上有的看门人员腰际亦佩削。6

○ 俑腰际所佩书刀

号坑的性质定为马厩坑较合乎实际，坑内出土的车为厩苑内备用车。

在秦始皇陵外城垣的东侧上焦村附近，发现小型马厩坑101座，做南北向三行排列。1976年10月至1977年1月，秦俑考古队试掘了37座，其中有马坑28座，俑坑3座，俑马同坑者6座。坑均为长方形土坑。马坑及俑马同坑者，每座坑内埋马1匹。有的马四肢趴伏做跪卧状，无挣扎迹象，是杀死后置于坑内；有的腿被捆缚做挣扎状，显系活埋。特别引人注意的是：有的在坑底挖四个柱洞，马的四条腿分别置于四个柱洞内；马脖颈处有一土隔梁，梁上有一凹槽，把脖颈卡于凹槽内，说明马是被活埋的。

每匹马头前都放置有陶盆、陶罐，有的盆内存有谷子和秸草。陶俑做跪坐形，位于马头前或马头一侧的壁龛内。俑的面前放置陶灯、铁斧或铁镰。出土的陶器上发现刻有"中厩""小厩""宫厩""左厩"和"左厩容八斗"等铭文；另有一件铜盘上刻有"大厩、四斗三升"铭文。这些都是宫廷的厩苑名。中厩、宫厩和大厩等名称，见于湖北云梦睡虎地秦墓出土秦简的《厩苑律》中；西安市北部出土的秦封泥中，除见有上述三种厩苑名外，还有小厩、左厩等名称。从马厩坑出土的铭文可以判定：这些马厩坑是象征中央宫廷的厩苑。

这次试掘共出土跪坐俑9件，加上历年的零星出土，共有俑22件。俑的姿态和服饰基本相似，都做跪坐形，高66～72厘米，身穿交领右衽长衣，腰束革带，脑后绾圆形发髻。有的双臂自然下垂，双手半握拳置于双膝上；有的双手笼于袖管内置于腹前。俑的面目清秀，神情肃穆。上唇有八字形的小胡须，为青壮年男子的形象。

○ 跪坐俑

○ 跪坐俑

俑身上仍存有颜色的残迹，头发为黑色，面部和手为粉红色，长衣多为绿色，少数为红色；绿色的长衣装饰着紫色的袖缘，红色的长衣装饰着绿色的袖缘。

陶俑的制法与兵马俑及上面所介绍的大型陶俑的制法都不同，是以模型为主。头是用前后两片模分别制作，然后粘接在一起，合缝线在耳部。脱模后再修饰五官，刻画胡须、发丝。发髻是单作后粘接于脑后或另覆泥雕造而成。躯干中空，胎壁厚1～1.5厘米，内壁光平，看不到泥条盘筑痕迹，似为模制。手为单作后插于袖管内。陶质细腻，未见加砂；施色的方法也与兵马俑不同，未涂生漆做底，在陶俑上直接绘彩。

俑的造型准确，身体各部的比例合宜。躯干的塑造手法简洁，无过多的虚饰。面部的造型好像用了多种不同的范模。有的圆面庞，面颊丰满，像年轻带有稚气的小役夫；有的面部清瘦，头略低垂，像年龄较大的仆役；有的眉宇不展，心情不悦；有的五官清秀，气质文静。

俑的身份为养马的仆役，结合有关文献来看，其来源有三：一是官府奴隶，二是刑徒，三是服更役的自由民。在繁重的劳役和酷刑下，只有规规矩矩、忠于职守，才能免除刑戮之辱。在这种处境下从事养马的役夫，其神情自然拘谨、肃穆。

这批跪坐俑形体的大小与真人相似，形象丰富多样，制法与兵马俑不同，是秦俑艺术中一个重要组成部分。其模制的方法对汉代有巨大影响，开创了汉代大规模用模制陶俑的先河，在中国古代陶塑艺术史上具有重要的意义。

秦人向来善于养马，远在西周时期，秦人的祖先非子就"好马及畜，善养息之"。周孝王使非子"主马于汧渭之间，马大蕃息"（《史记·秦本纪》）。到春秋战国以至秦王朝时期，马成为战争和交通的主要工具，因此秦的养马业获得迅速发展。秦王朝时除中央设有许多厩苑外，在边郡及内地各郡县亦设有厩苑。每厩养马千匹，大的厩苑甚至有马万匹。

秦中央的厩苑有多少？根据出土器物上的刻铭，有中厩、宫厩、大厩、小厩、左厩共5个厩苑名，而在秦封泥中除上述5个外，还有右厩、御厩、官厩、章厩、家马、上家马、下家马的厩苑名，这样共有厩苑名12个（《秦封泥集》），说明秦中央设置的养马场数量众多。三处马厩埋葬的马有五六百匹，可见养马的数量巨大。养那么多的马需要大量饲料，在秦二世时，曾发生咸阳储存的饲料不敷应用，令各郡县向咸阳运送草料的事情。

厩苑内马的编制如何？根据古文献记载：4匹编为一组，名曰一乘；12匹马为一皂；36匹马为一系；216匹马为一厩。一乘马（4匹马）设四个圉人，每个圉人养马一匹。（《周礼·夏官司马》）秦代是否如此编制，目前还不清晰。但每匹马有一位养马人员则是可以肯定的。小型马厩坑有许多是一马一俑同坑，俑位于马头前或其左右两侧的壁龛内。马头前放有陶盆、陶罐，俑前放置铁镰或铁斧、陶灯等。陶盆内放有谷子和秸草，陶罐用以盛水饮马；铁镰或铁斧用以铡草、割草；陶灯以供夜间饲马时使用，说明当时对马要日夜精心照料。这是当时马厩场景形象、生动的再现，为研究秦代养马史提供了宝贵的实物资料。

对小型马厩坑出土的马骨进行鉴定，结果发现绝大多数是青壮年马，个别为老马。对马骨尺寸进行测量，发现马的体长、身高及头部尺寸与兵马俑坑出土陶马的数值基本相似，说明陶马是以中央宫廷厩苑的马作为原型塑造的。陶马酷似原型，表现了制作者高度的写实风格。这种马与伊犁马、蒙古马不同，个头较小，但耐力好，是力速兼备的河曲马。

铜禽坑

铜禽坑位于秦始皇陵外城垣北侧偏东处，距外城的东北角约900米。坑的平面略呈F形，由一条东西向坑道及两条平行的南北向坑道组成。坑的总面积925平方米，为地下坑道式的土木结构建筑。2001年8月至2003年3月，秦陵考古队对该坑进行了发掘，出土铜天鹅、铜鹤、铜鸿雁等水禽46件，陶俑15件。铜禽和陶俑的形体与真禽、真人的大小相似，造型准确，形象逼真，是秦陵考古的又一重大发现。

○ 铜禽坑

铜禽出土于坑北边的一东西向的坑道内（编号为一区）。坑道东西长60.2米，南北宽6～6.4米，距现地表深2.9米。坑的底部有一条象征河流的沟槽，沟槽内存有淤泥，说明曾有潺潺的流水。46件铜禽分布于沟槽两边，有的觅食，嘴里叼着小鱼；有的闲步，有的卧息，是一幅生动的禽苑画面。

铜禽中有天鹅20只，鹤6只，鸿雁20只。天鹅的形象逼真，长喙，曲颈，粗短腿，趾间有蹼，体形肥硕，通体涂白色。形体有大有小，有立有卧。有的立式天鹅身体通长95.5厘米，高40厘米，闲步伸颈做觅食状；有的卧于岸边，长颈伸向河内做汲水状，姿态各异。天鹅是中国的珍稀鸟类，羽毛纯白，群栖于沼泽、湖泊地带，食水生植物及贝类、鱼虾，飞行高远，一举千里。冬季生活于江南地区，春季北迁至蒙古、中国黑龙江等地繁殖，是深受人们喜爱的观赏鸟，亦是被认为会给人们带来吉祥的祥瑞鸟。

○ 铜天鹅

其中一只铜鹤保存比较完整，身体通长101厘米，高77.5厘米。形体高大、俊秀，长喙、修颈、凋尾、高腿纤趾。双足立于镂空成云纹的踏板上，曲颈、伸喙觅食；嘴中叼着一条小鱼，好像是刚从河中捕获，神态生动。铜鹤通体涂白色，尾羽下垂，羽丝清晰可辨。我国常见的有丹顶鹤、白鹤、灰鹤、赤颈鹤、黑颈鹤、白头鹤、白枕鹤等。这只鹤通体白色，当为白鹤。鹤亦为候鸟，主要生活于我国的黑龙江及西伯利亚东部和朝鲜，冬季迁到长江下游越冬。鹤形

○ 青铜鹤

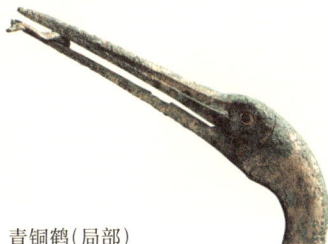

○ 青铜鹤(局部)

态俊美、飞行高速，鸣声响彻云霄，因此备受人们喜爱，并被赋予神秘的色彩，称为仙鹤。

另有一些铜鸿雁出土时保存比较完整。它们形体肥硕，扁平嘴、短腿，趾间有蹼，形体大小与真雁相似，最大者通长76厘米，高27厘米。这些铜鸿雁有立姿和卧姿两种不同的形态。立姿雁双足立于长方形的铜踏板上，一前一后做慢步轻移状；有的似在觅食；有的举颈仰首，脖颈微微向左侧扭转凝神注视左前方，好像受到某种行为或声音的惊动。卧姿雁的双翅拢于尾后，双腿屈于腹下。有的做静卧闲憩状，有的颈微侧转，举首张望，静中寓动。鸿雁俗称大雁，栖息于河川或沼泽地带，分布地区较广，常在我国东北部栖息繁殖，冬季到长江下游地区越冬。雁飞行时常排列成行，能飞高绝远。《汉书·苏武传》载有鸿雁传书的故事，后来人们常把书信及信使称为

○ 铜鸿雁（局部）

○ 铜鸿雁

鸿雁。因此鸿雁是人们非常珍爱的观赏鸟，也是祥瑞鸟，人们认为它会带来美好的信息。

在铜禽坑的一南北长 46.6 米，宽 2.8～10.6 米的坑道内，还出土与真人大小相似的陶俑 15 件。其中有长跪俑 7 件，箕坐俑 8 件，为秦代考古史上首次发现，丰富了秦俑的内涵。出土时均已破碎，已修复长跪俑 5 件，箕坐俑 4 件。下面我们约略介绍一下。

长跪俑，古人名曰跽，又曰长跽或长跪。通高 1.27 米，身穿交领右衽长衣，衣长及膝下，腰束革带，右侧腰带上系一长条形小囊，囊中似装砺石。下身穿长裤，足穿布袜，未着履。脑后绾圆形发髻，头戴圆形软帽，把头发和发髻全罩于帽内。俑的姿态是：双膝抵地，右膝较左膝的位置稍靠前；双足竖起，足尖抵地；上身及双股直立，臀部不与足跟接触。左臂自然下垂，手掌伸张微向前伸。右臂微屈上举，右手半握，拇指伸张，掌心向上做持物状。此型俑为考古史上首次发现，其姿态动作的含义是什么，引起人们种种的猜测。有人认为是击磬、击钟或击鼓，但俑的动作与之对照，均不相合。此俑的身份是饲养水禽的人员（囿人）。脚上未穿履，亦未赤足，说明不是在郊外或河边，而是在室内。俑出土于南北向的坑道（编号为二区）内，坑道左右两侧壁面的上部分布着 11 个壁龛，象征着禽圈。白天把水禽赶到河里放养，夜晚则归圈。圈亦是水禽生蛋、孵化幼禽的处所。明白上述情况后，再来看俑的动作：长跪形、右膝微向前、身微前倾，与右手高举做投掷状的动作相呼应；位于禽圈下的前方，似在向圈内投放食物或其他物件。

○ 长跪俑　　　　　　　　　○ 箕坐俑

箕坐俑的服饰与长跪俑相同，但其姿态与之完全不同。此俑臀部坐于地上，双腿向前平伸，双足竖起，上身前倾背略拱曲，双臂前伸置于腿上，双手半握拳，左手掌心向上，右手掌心向下做握物状，头略低垂，目光注视双手的动作，意念集中。此型俑为秦代考古史上首次发现。

箕坐，古人称之为箕踞。按照古代的礼仪，人要"立毋跛，坐毋箕，寝毋伏"（《礼记·曲礼上》）。箕就是坐时两腿前伸舒展如簸箕形。在人面前如此坐是不雅甚至是傲慢的行为。此俑的姿态与箕踞稍有差异，双腿不呈簸箕形；再者，不是闲坐，而是在从事一项劳作。

此俑是从事何种劳作？令人费解。有的说可能是划船的动作。俑是在室内，足上穿着袜子不是赤足，说明不是在船上，动作也与划船的动作不符。有人认为是击筑（古乐器）的动作。坑内并未发现乐器筑的遗迹，动作也与乐人击筑的动作相去甚远。

我们从云南晋宁石寨山20号西汉墓（公元前206—25）出土的铜贮具器盖上一奴隶女织工的铜像中受到启发。女织工做箕坐形，双足竖起蹬拒一棒状物，棒上缠绕着线缕，线缕的另一端缠系于腰带前的棒上。上身前倾，双臂前伸，双手半握，掌心一手向上，另一手掌心向下做编织状。铜禽坑的箕坐俑的姿态与奴隶女织工的姿态基本相同，只是未见线缕及织物。此俑的身份是饲养水禽的人员，因此其动作必定与其劳动有关，疑是在编织线状物用来做网，以捕捉鱼、虫饲养水禽，或用来捕禽。这仅是一种推断，以供今后进一步研究时参考。

根据该坑的建筑布局及出土遗物，这座坑应是宫廷苑囿中禽园类的陪葬坑。秦在京畿及各地有许多苑囿，比较著名的有上林苑、杜南苑、鼎湖苑、白水苑等。苑内种有奇花异草，养有各种珍稀的飞禽走兽。根据"事死如事生"的丧葬理念，把生前苑囿中的禽园模拟于地下，以供秦始皇的灵魂在幽冥的世间游猎、观赏。

从文献和秦封泥可知，秦有"虎圈""兽圈""麋圈""狼圈""兔园"等，铜禽坑出土有天鹅、仙鹤、鸿雁等，可见是个象征专养珍禽的地方，故该坑应定名为"禽园"。这个象征性的禽园内有小河及排列有序的众多禽舍，并配备有专门饲养珍禽的仆役。他们白天把禽赶到小河放养，夜晚驱禽归舍，而铜禽坑是真实禽园的逼真模拟。

用象征禽园的铜禽坑从葬，在中国和世界考古史上都非常罕见。秦王朝以前先秦时期的墓葬中曾发现有少量飞禽的遗骨，多是作为祭品或肉食类的食物，不是作为观赏的宠物出现。而铜禽坑是供秦始皇的灵魂在幽暗的世间观赏、游猎，并模拟出珍禽在苑囿内生活的具体环境，这在葬仪上是"事死如事生"制度的进一步发展，是把鬼神的世界进一步人间化的反映。

大批铜禽的发现，填补了秦代飞禽造型艺术的空白。先秦时期的鸟禽雕塑，多是作为器物的附件或鸟形器出现的。虽然也有一些形象生动活泼的作品，但总体看来比较古拙，有的带有图腾巫祝的神秘色彩，作为观赏性的艺术作品尚未出现。铜禽虽不是作为人世间的观赏物，却开了独立鸟禽造型的先河。铜禽数量众多，造型逼真，把一群珍禽生活的场景真实地再现出来。这是一组生动、活泼，带有浓郁苑囿风情的大型群塑，是罕见的艺术佳作。

跪坐俑坑及异兽坑

在秦始皇陵西侧内外城垣之间发现了31座小型陪葬坑，分作南北向三行排列，东边一行6座，中间一行17座，西边一行8座。东、西两行共14座为跪坐俑坑，中间一行的17座为异兽坑。

1978年对其中的两座跪坐俑坑及两座异兽坑进行了试掘，在两座异兽坑内各出土瓦棺一具。瓦棺为长方盒状，上口有盖，长99厘米，宽45厘米，高35厘米，两具棺内各有动物的朽骨一具。经鉴定一为鹿、麂类草食动物，一为杂食类动物。动物的颈部有铜环，说明原来颈部系有绳索。动物头前放有陶盆作为饲槽。

试掘的两座跪坐俑坑内各出土陶俑1件。俑做跪坐形，高73厘米，身穿交领右衽长衣，腰束革带，双臂自肘部向前自然弯曲，双手置于膝盖上，脑后绾着圆丘形发髻，神态肃穆。俑的面前放置陶盆、陶罐，其身份是饲养异兽的人员，古代称之为圉人。

古代天子、诸侯都有苑囿作为游猎的场所。秦的苑囿中最著名的是位于今西安市西郊及鄠邑区、周至县一带的上林苑，方圆二百多里。苑中有山水林木、珍禽异兽，并建有离宫、别馆数十处，专供皇帝射猎、游乐。另外，还有专门饲养虎、狼、麋鹿的虎圈、狼圈、麋圈等。秦始皇陵西侧的这批陪葬坑，可能是属于兽圈类的陪葬坑。铜禽坑是禽园，再加上这批兽圈性质的陪葬坑，可以说秦始皇把生前所喜爱的宠物都带到了地下。

用宠物从葬的这种葬俗，对汉代产生了较大的影响。在西汉薄太后南陵清理的20座陪葬坑中，就有大熊猫、犀牛等珍稀动物。

铜车马坑

　　铜车马坑是1978年7月考古队进行考古勘探时发现的，它位于秦始皇陵的西侧约20米处。坑的平面呈巾字形，东西长和南北宽各为55米，距现地表深约8米，面积为3025平方米。为了摸清坑内埋藏的是什么东西，我们做了进一步深探。就在7月24日下午，在一探孔内发现一个黄灿灿的金泡，是马头上的装饰件；在另一探孔内，当把探铲提上来时发现有铜锈遗迹。这时我们初步判断地下埋藏的可能是铜车马。

　　经国家文物局批准，1980年11月3日开始试掘。试掘方的面积

○ 铜车马出土情况

很小，方口东西长13米，南北宽5.8米，面积为75.4平方米。试掘方的大小正好把盛有铜车马的一个木椁套住。木椁已朽，椁内一前一后放着面朝西的两乘大型彩绘铜车马。两乘车由前向后依次编为一号和二号。

铜车马的结构复杂，有大量的金银质构件，细部清理前需要较长时间的观察、研究，弄清各零部件的位置及相互关系。当时正下着雪，天寒地冻，参观的人流如潮，这对文物的安全和清理工作十分不利。经报国家批准后，我们把铜车马按照出土原状移至秦俑馆的修复室内进行清理和修复。

两乘铜车马不仅结构复杂，而且破碎严重。例如二号车有零部件3462个，重1241千克，其中金银质构件约7.4千克，各种构件的接口3780个。全车已破碎成1555片，断口1877个。这些惊人的数字，说明该项清理和修复工作的难度在中外考古史上都是非常罕见的。我们前后经过八年艰苦细致的工作，终于使两乘铜车马恢复了原貌。

这两乘铜车马体形较大，制作精致，车的结构与真车基本上没有差异，是目前中国考古史上所发现的车舆中级别最高、装饰最华贵、技艺最精湛的皇帝的乘舆，被誉为"青铜之冠"。

下面我们来看一下铜车马的形制。

一、二号铜车马的大小约相当真车、真马的二分之一，车均为单辕、双轮，前驾四匹铜马。一号车通长2.25米，通高1.52米，总重量1061千克，其中金银质构件约7千克。车舆呈横长方形，周围

○ 弩輒(一号铜车)

○ 铜箭箙及箭(一号铜车)

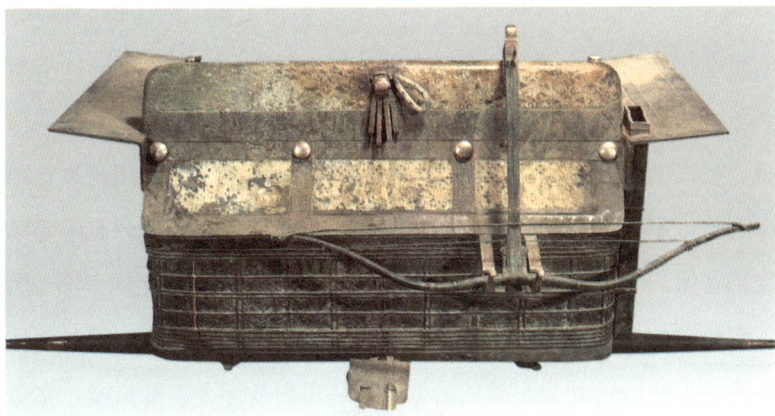

○ 铜弩(一号铜车)

有栏板、两侧有外翻的车耳，前部有轼，后边有敞口的车门。车内立一高柄铜伞，伞下有一站立的铜御官俑。马的头部戴着金银质的络头、金银质的缰索，以及铜璎珞；左右两边的骖马戴着金银质项圈；右骖马额头上立一带高杆的璎珞，名曰纛，是皇帝车马的标识。马体为白色，黑鬃、黑蹄；车马通体绘彩，车舆内外绘着精致的图案花纹；伞的内侧绘着一组组的变相夔龙、夔凤纹。车内配备有铜弩、铜盾、铜箭箙，箙内装满铜箭。四马的驾具齐全，张口嘶鸣做跃跃欲试状；御官俑双手紧握马缰，神情恭谨肃穆。

一号铜车名立车，又名高车。因车上配备有弩、盾、箭箙等兵器，所以又称之为戎立车。它是皇帝车马仪仗队中用来担任警卫和开道任务的车子。

二号铜车马通长3.17米，通高1.06米，总重量1241千克。车亦为双轮、单辕，前驾四匹铜马。车舆呈纵长方形，分为前后两室。前室面积较小，是驾车御手所在处；后室较宽广，呈四周封闭的轿车形。后室的左右两侧及前侧各有一窗，窗上有镂空成菱花纹的窗板，可以随意开合；后边有门，门上装有单页门板，启闭自如；顶部有一龟甲形的车盖，把前后两室均罩于车盖下。前室内有跪坐的铜御官俑1件。四马的驾具齐全，马头装饰与一号铜车相同，车舆的下部绘着精美的几何形图案花纹，花纹的线条凸起有浅浮雕的立体效果。车厢的内外及车盖的内侧绘满一组组的夔龙、夔凤纹；车盖外侧周边绘着精致的图案花纹，并发现盖上有丝织物残片，说明原来覆有丝质物彩盖。装饰之华丽、高雅，显示了车主人地位的高贵。

二号车的一条铜缰索的末端有用红色写的"安车第一"四字，可知秦人把此车称之为安车。二号铜车有窗，开窗则凉，闭窗则温，故又称之为辒辌车。

公元前210年，秦始皇在东巡的过程中病死于沙丘，"置始皇于辒辌（凉亦作辌）车中"运回秦都咸阳。这里所说的辒辌车，就是与二号铜车一样的大型安车。到汉代，安车与辒辌车才成为两种形制和性质完全不同的车名，安车供人乘，辒辌车成为专门载尸棺的丧车。

秦始皇出行时有浩浩荡荡的车队相随，车队的级别有大驾和法驾两种不同的规格。大驾有属车81乘，法驾属车的数量约相当于大驾的一半（一说为36乘）。一号和二号铜车马应是其属车中的两乘车。属车又名副车。《史记·留侯世家》记载：张良与一手持重120斤铁椎的大力士，待秦始皇东游至博浪沙（今河南原阳东南）时，大力士用铁椎突然袭击，"误中副车"。秦始皇未在副车内，躲过一劫。

一、二号铜车上各有铜御官俑1件。一号车上的御官俑为立俑，通高91厘米，身穿绿色长衣，下着白色长裤，足蹬翘尖履，头戴鹖冠；腰际佩剑，腰带上并系一白玉环。双臂前举，双手紧握马缰。二号铜车上的御官俑为跪坐俑，通高51厘米，服饰和冠与一号车上的御官俑基本相同，腰际亦佩剑。双臂前举，双手握住马缰。

两件铜俑头上所戴的冠与兵马俑坑的将军俑所戴的冠相同，说明不是一般的御手，是个高级官吏。这两件俑所驾御的是皇帝车马仪仗队中的副车，驾御副车者为"奉车郎"（见《史记·留侯世家》），多由皇帝的亲信充任。

从造型艺术来看，这两件俑都造型准确，神韵生动。双手紧握马缰，目光略略下视，意念专注，显得忠于职守；丰腴的面庞流露着恭谨而又窃喜的笑容，把一个高级御官的心态刻画得惟妙惟肖。

一、二号车前各驾四匹铜马，中间两匹马名叫服马，左右两边

○ 一号铜车马

○ 二号铜车马

○ 御官俑（一号铜车）　　　○ 御官俑（二号铜车）

的马叫骖马，四马齐首合力拉车。马通长约110厘米，通首高92厘米。马均剪鬃缚尾，四蹄伫立，举颈仰首，张口做嘶鸣状。躯干的造型手法简洁明快，用弧形的圆面塑造得膘肥劲健。四肢的关节筋骨分明，前腿如柱，后腿若弓，蹄础大，蹄腕高，显示了力速兼备的体能。马头的塑造手法细腻，睛若悬铃，灼灼有神；尖小的双耳向前耸立，显得异常神骏、机警。左、右骖马的脖颈分别向外侧扭动，尾亦随之做相应反方向的摆动。这微小的变化，给人以摆首奋尾跃跃欲动的感觉。

铜马各部分的比例合宜，解剖关系交代清晰，技法熟练，被中外雕塑艺术家一致称誉为秦代造型艺术中最成功的作品。

看到铜俑、铜马生动逼真的造型，人们自然会联想到秦始皇铸造十二金人的带有传奇色彩的故事。始皇二十六年（公元前221），收天下的铜兵器，聚之咸阳，销毁后铸造"金人十二，重各千石，置廷宫中"（《史记·秦始皇本纪》）。这十二个铜人于东汉末年被董卓毁掉十个用来铸钱，余下的两个又于公元4世纪晚期被苻坚销毁。这样一来十二铜人全部不存，历史上只留下一些传说故事。铸十二铜人之事是真是假，成了千古不解之谜。秦始皇陵铜车马被发现后，十二铜人之事重新引起人们的兴趣。许多学者认为：秦始皇时代能成功地铸造出大型铜车马，说明当时冶金造型技艺已达到相当高的水平，完全有能力铸造出高大的十二铜人。铜人究竟有多高？据《汉书·五行志下》记载"秦始皇帝二十六年，有大人长五丈，足履六尺，皆夷狄服，凡十二人，见于临洮"；始皇"喜以为瑞，销天下兵器，作金人十二以象之"。关于铜人的大小是否与临洮之大人相同，此处并未明言。可以想见其形体当远远大于铜车马上之铜俑。马非百先生说"始皇之铸金人，是吸收西域佛教圣像而融化于中国神教系统之中"；置于宫廷中，"以示宫殿之雄伟"（《秦始皇帝传》）。十二铜人和秦陵铜车马的铸造，可以说是中国冶金史上的伟大奇观。

铜车马所蕴含的文化内容是多方面的，现就几个有关学术方面的重要问题扼要介绍如下。

第一，关于皇帝的乘舆问题。

秦始皇出行时其车驾是什么样子的？以往由于缺乏实物例证，一直模糊不清。现在人们一看铜车马便一目了然。车马以大量的金

○ 一号铜车马（正面）

银作为装饰件，马戴着金银质的络头、金当卢（马面部饰件）、金银质的缰索、金银质项圈，右骖马额头上树立着天子车马的标识——纛；马的颈下悬系着樊缨（璎珞）；车上装饰着银辖、银軎、银华蚤（车盖盖弓末端的盖弓帽）；车内外绘着精致的彩色图案花纹，以大量的夔龙、夔凤纹作为主体纹样；驾车者不是一般的御手，而是头戴鹖冠、腰际佩剑的御官。这一切都显示着皇帝至高无上的威仪。

铜车马坑目前尚未全部发掘，坑内共埋藏着多少乘车子，是否还会有更高级别的金根车出现，还不易确切判断。

第二，关于古代车马的系驾方法。

尽管以往殷周、春秋战国以至秦汉时代的车马坑内，都出土了

○ 二号铜车车门板上的花纹

○ 金银络头（二号车）　　　　　　　　○ 铜马（局部）

大量的木车遗迹，但是由于车已腐朽，车马上的革带、绳索等鞁具荡然无存，因而关于古代车马的系驾方法一直模糊不清。铜车马的驾具齐全，形象逼真，系驾关系清晰，填补了以往考古资料关于系驾关系的空白。

　　从铜车马来看，骖马和服马各有一根单靷。骖马靷的前端呈环套形套于马的肩、胸部，靷的后端系结于舆底背面的枕木上。服马的靷分为前后两段：前段两匹服马各有一靷；后段为两匹服马共用一根靷绳，此靷绳位于舆下名曰阴靷，末端系结于轴的中心点上，与两匹骖马靷末端的系结点呈等腰三角形。这符合力学原理，便于车舆保持平稳。以上诸点为以往人们所不知，铜车马的出土为人们

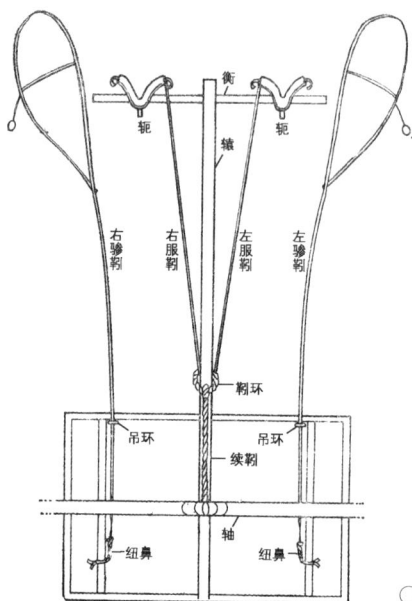

衡
轭　　　轭
辕

右骖靷　右服靷　左服靷　左骖靷

靷环
吊环　　　吊环
续靷
轴
纽鼻　　　纽鼻

○ 靷系结关系仰视图

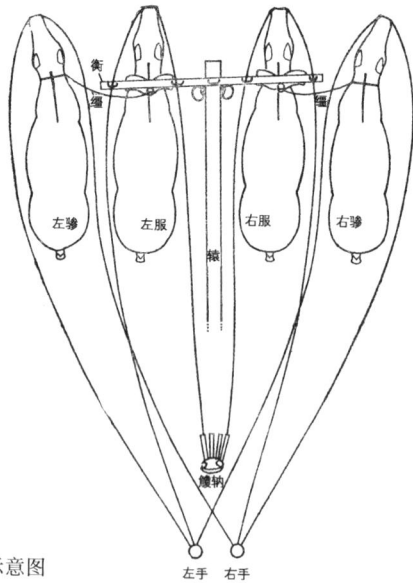

衡
缰

左骖　　左服　　右服　　右骖
辕

续轴

左手　右手

○ 六辔在手示意图

提供了新的知识。

辔是控制御马的缰绳。车前驾有四马，每匹马口左右两侧的衔环上各连接一根辔绳，四马共有八根辔绳。辔绳的另一端握在驾车人的手中借以控御车马。而文献上都说御者手中只握持六根辔绳，如《诗经》所言"四牡孔阜，六辔在手""乘其四骆，六辔沃若""六辔如琴""六辔如丝"等等。那么，另外两根辔绳哪里去了？人们为此做了各种各样的猜测，一直不得其解。铜车马出土后这一问题迎刃而解。四马中两匹服马的内辔系结于车舆前部轼上的一个纽形鼻（觼）上，其余六根辔绳握于御者手中，每只手握三根辔绳。即左手握左骖、左服马的外辔及右骖马的内辔；右手握右骖、右服马的外辔及左骖马的内辔；两匹服马因借助于辕前端的一根横木（衡）连成一体，其内辔不用牵挽。只要左手一拉手中的三根辔绳，车马即可向左转弯；反之右手牵拉手中的辔绳，即可使车马向右转弯。双手把辔绳勒紧则车马缓行，双手把辔绳放开则车马疾驰。辔绳是控御车马或疾或徐，或左旋或右旋的重要鞁具。御者能得心应手，马随人意，做到人马和谐，全靠辔绳。

如何能够使四马合力拉车，而不致使四马拥挤影响车速，同时也要防止两匹骖马外逸形成分力使车无法前进？根据古文献来看，防止骖马内靠的鞁具古名胁驱。关于胁驱的具体形象，长期以来由于未见实物例证，一直不知是个什么样的东西。从铜车马来看，两匹服马的外胁处悬吊一个横丁字形、末端带三个锥齿的铜构件，骖马如内靠则尖齿刺其内胁。这样可使骖马在服马外侧始终保持一定的距离，不致拥挤。防止骖马外逸的设施，是借助一根缰绳，一端呈环套套于骖马的脖颈上，另一端系结于衡上。这样就保证了四马协同并力拉车。这套设施为考古史上首次发现。

一、二号铜车马上控御烈马的衔、镝、橛三样东西同时伴出。在考古资料中，衔比较常见，镝十分罕见，橛为首次发现。以往人们往往把镝和橛误以为一个东西。铜车马上的实物使人们始知两者的形状完全不同。橛为布满短刺的棒状物，与衔一前一后置于马口中。镝做链条形，由带刺的卵圆形节节组成。镝和橛的作用相同，都是控御烈马的工具。

铜车马上出土铜策、铜锲各1件，铜策做竹节状，俗称马棰。锲与策的形状相同，只是在顶端有一尖锥，既可用来捶击马，又可用来刺马，亦是控御烈马的工具，为考古史上首次发现。

人们往往把一件事物的开端称为"发轫"。轫，本是停车后卡住车轮不使转动的木头。车要起动首先要把挡轮的木头去掉，名曰"发轫"。如屈原《离骚》"朝发轫于苍梧兮"。关于止车的工具轫与车撑，到底是什么形状，从来没见过实物资料。我们在两乘铜车的车轮附近发现两件近似口字形的铜方框，每轮一件；兵马俑坑出土车轮的附近亦发现与上述铜方框形状相同的木质方框，每轮一件。方框上有卡轮的凹口。停车后，每个轮下各支一方框以防车轮转动，此当为止车的器具，名曰轫。

古代单辕车的止车工具中是否有车撑，是人们一直不知的重要问题。两乘铜车各出土一件类似等腰三角形（无底边）或人字形的

○ 铜马

○ 铜车撑

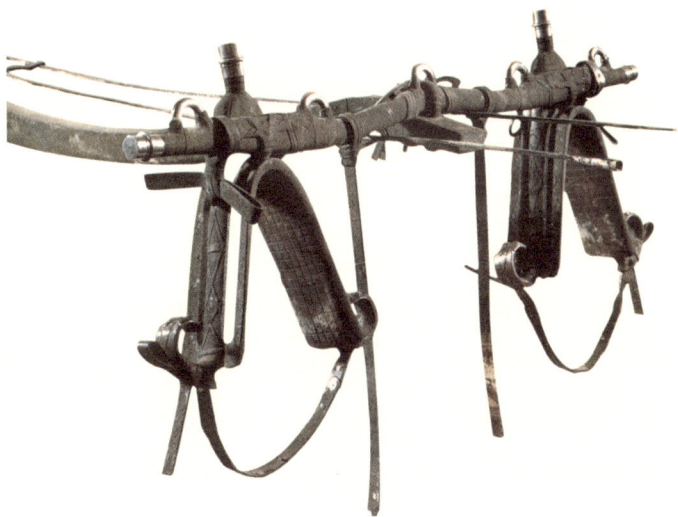

○ 铜车马的䩺、衡、轭

铜支架。两条腿的下端各有一横拐形双脚；支架的顶部有平台，台上有凹口。支架的高度与车辕出舆前向上扬起部分的高度相同，凹口的大小亦与辕下侧的粗细相当，作用是用来支撑车辕，名曰撑。

车在未驾马以前，只有后面的两轮作为双足，车必前倾，辕和衡、轭容易损坏。在辕的中段支一车撑，就可使车舆前后保持平衡。在车行驶途中暂息时用来支辕，可减轻衡、轭对服马的压力，使马得到喘息。当车马已驾、车主人登车时用来支撑辕的踵部，可避免车向后倾侧。可见车撑之重要，当为古代单辕车重要的驾具之一。

第三，铜车马的制造工艺。

铜车马是精美绝伦的艺术品，也是当时高科技的结晶，集冶金、金属制造、机械设计与加工等各种先进工艺之大成，是人类文化史上的伟大奇观，体现着中华民族的智慧与才能。

每乘铜车马都是由3000多个零部件拼装组合而成。拼装组合的方法大体可分为冶金性连接和机械性连接两大类。冶金性连接分为嵌铸法（又名接铸法）、包铸法、焊接法；焊接法中又有熔化焊接法、镶嵌加钎焊、插接式焊接、双金属铸接等。机械性连接更是多种多样，有子母扣加销钉连接、活铰连接、纽环扣接、转轴连接、锥度配合式连接、铆结式连接、套接、卡接等等。其工艺之复杂，技艺之精湛，令人惊叹！

车马上的许多链条是采用子母扣法连接的。根据链条不同的性能和子母扣的形状各异，有的链条可以做360度旋转，有的链条只能上下活动不能左右活动，有的只能左右活动。这些链条至今仍活动自如。

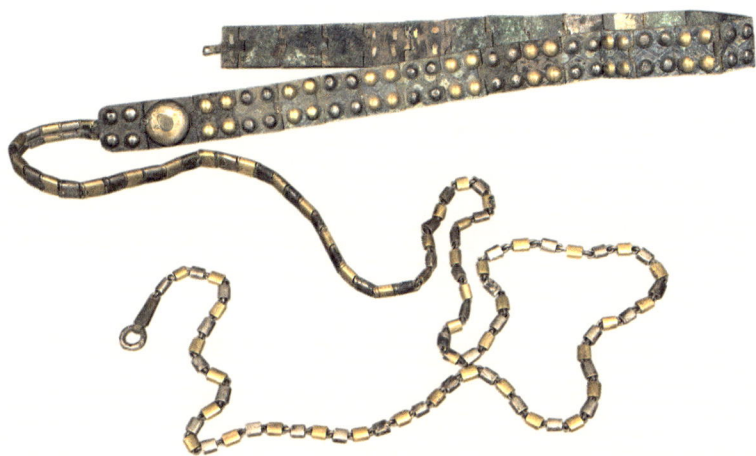

○ 金银质缰索（二号车）

○ 马项圈

骖马戴的项圈是由42节金管和42节银管相间排列组成。金管、银管的接头为对接。用25倍的放大镜观察，只发现一个明显的焊点及焊缝上的裂缝，反映了焊接技艺的高超。两乘铜车马上的许多铜丝链条，由一个个的小铜丝环扣连而成，每个小环是用0.2～0.5毫米的铜丝焊接形成。如此细的铜丝采用什么方法焊接，所用焊剂是什么，至今仍是不解之谜。

　　二号铜车车舆的两侧各有一窗，窗上安装镂空成菱花纹类似纱窗的窗板。其推拉设计类似今日汽车上的推拉窗，至今仍推拉启闭自如。其设计之巧妙，令人啧啧称奇！

　　二号铜车在车舆的后侧留门，门上安装一绘满精致图案花纹的

○ 二号铜车后视

○ 车舆上的彩绘花纹（一号车）

单页门板，门板与门框用活铰（俗称合页）连接，与今日门窗上所用之合页完全相同。以往有人认为合页是舶来品，由此可见远在两千多年前中国已发明了这一构件。二号铜车车门的开闭方法也非常特殊，在门框上安一银质曲柄把手，把手的顶端有向外折曲的转轴，轴的末端连接一横拐。闭门时横拐挡住门板；开门时，扭动把手连动转轴使横拐由横向变成上下垂直的纵向，门即开启。

一、二号铜车马上的许多零部件都是铸造成型。铸后都经过修整、加工。加工的工艺方法众多，如锉磨、抛光、钻孔、切削、錾刻、镶嵌、钳工装配等等。铜车马上的许多链条广泛运用了销钉与小孔配合的连接工艺。小孔的孔径有 0.12、0.17、0.2、0.25、0.3、0.4 厘米等不同的规格，说明当时已有了标准化、系列化的钻具。马的立鬃上布满直径约 0.2 厘米的圆圈纹，深浅、大小一致，显然是用平头空心冲冲凿的。俑的羽形眉丝，是用小凿錾刻而成。钳工装配技艺更是多种多样，如各种子母扣的榫头与卯口交接处的配合，就有弧形配合、楔形配合、圆形配合、卡接配合，以及键、孔连接的小过盈配合、松动配合等等，都反映了加工工艺的精致和钳工装配技艺已达到相当高的水平。

《考工记》说："一器而工聚焉者，车为多。"这里讲的是木车，而纯金属制造的铜车马较木车的制造更为复杂和困难。它综合利用了冶金、铸造、嵌铸、包铸、焊接，以及各种各样的机械加工、机械连接等高超的工艺技术，代表了我国两千多年前金属制造工艺方面的辉煌成就，在中国和世界冶金与金属工艺史上占有光辉的一页。

神秘的秦始皇陵

秦始皇是中国历史上第一个统一的封建王朝的皇帝。他生于公元前259年，13岁继承秦国的王位。因年纪尚小，国家大事均由吕不韦等大臣办理。22岁（公元前238年）开始亲理朝政。39岁时（公元前221年）先后消灭韩、赵、魏、楚、燕、齐等六个地方诸侯国，完成统一中国的大业，建立了中国历史上第一个统一的、多民族的封建专制中央集权王朝，登上皇帝的宝座，自称始皇帝。

统一后，秦始皇为加强中央集权、巩固统一，在全国范围内推行郡县制，统一文字，统一货币，统一度量衡，统一法律等，进行一系列的改革，对社会发展起了积极促进作用。他曾五次出巡，最后一次出巡是在始皇三十七年（公元前210），南巡云梦，经长江，临浙江（今钱塘江），由海道北至琅邪，至平原津（今山东平原县西南古黄河渡口）患病，七月死于沙丘。九月葬于骊山北麓，时年50

岁，在位37年。

　　关于秦始皇陵地下埋藏的情况，两千多年来一直是人们非常关注和感兴趣的问题。历代文人留下了许多关于秦始皇陵的记述及一些传说故事，但问题仍然扑朔迷离，成为千古之谜。

　　秦始皇陵的正式考古工作是从20世纪60年代初开始的，尤其是1974年兵马俑坑被发现后，秦俑考古队分成两个小分队，一个小分队负责对兵马俑坑的勘探和发掘，另一个小分队对秦始皇陵做全面、系统的勘探。经过40多年对秦始皇陵的考古勘探和局部发掘，获得了丰硕的成果。

○ 秦始皇陵

　　陵域的规模宏大，面积为56.25平方公里，其核心区面积2.135平方公里。它以陵墓为核心，周围环绕有内外两重城垣，内城周长3870米，外城周长6322米。城的四面有门：外城的四面各有一门；内城的东、西、南三面各有一门，北面有两个门；内城墙的内外两侧绕有长廊。整个城垣坐西面东，在东、西两面内外城门之间有宽110米的司马道，在司马道中部发现有南北对峙的独立双阙基址，独立双阙与内外城门的门阙三者之间以廊庑相连。内外城墙四面环绕，门阙巍峨耸立，俨然是一座帝王都城的建制。

　　秦始皇陵封土的北侧发现有寝殿、便殿等大型宫殿建筑群基址。

寝殿是墓主灵魂的起居生活之处，里面有衣冠几杖象生之具。在陵园内的宫人要像侍奉活人一样，"随鼓漏理被枕，具盥水，陈严具（妆奁之类用具）"。便殿是休息宴闲之处，从出土的器物及乐府铜编钟可知，宫人要按时祭祀上食，祭祀时还有乐队奏乐。

在秦始皇陵区内已发现各种陪葬坑180余座。这些陪葬坑分为内、中、外三个层面分布。第一个层面位于陵墓封土的四周。如陵墓封土的西侧有铜车马坑等大型陪葬坑3座，东侧、南侧各有大型陪葬坑3座，北侧有7座，共有陪葬坑16座。

第二个层面位于陵墓东西两侧的内外城之间。陵墓西侧的内外城垣之间，由南向北依次分布着曲尺形大型马厩坑和近似方形的大型马厩各1座，小型府藏坑16座，珍禽异兽坑及跪坐俑坑31座。陵墓东侧由南向北依次分布着百戏俑坑、石铠甲坑、大型府藏坑各1座，另外还有小型陪葬坑10余座。

第三个层面位于陵园外城垣的东侧和北侧。外城垣的东侧有小型马厩坑101座，大型兵马俑坑3座。外城垣的北侧有大型府藏坑、铜禽坑各1座。

这些陪葬坑除少数坑做了试掘或发掘外，其中大部分坑尚未发掘。

在秦始皇陵区内还发现陪葬墓及修陵人员的墓葬500余座。陪葬墓已发现4处：一处位于秦始皇陵墓封土的西北角，是一甲字形大墓，估计是秦始皇儿子公子高的墓；第二处位于内城的北部东区，有墓葬33座；第三处位于西侧内外城垣之间，有墓61座，它们可能

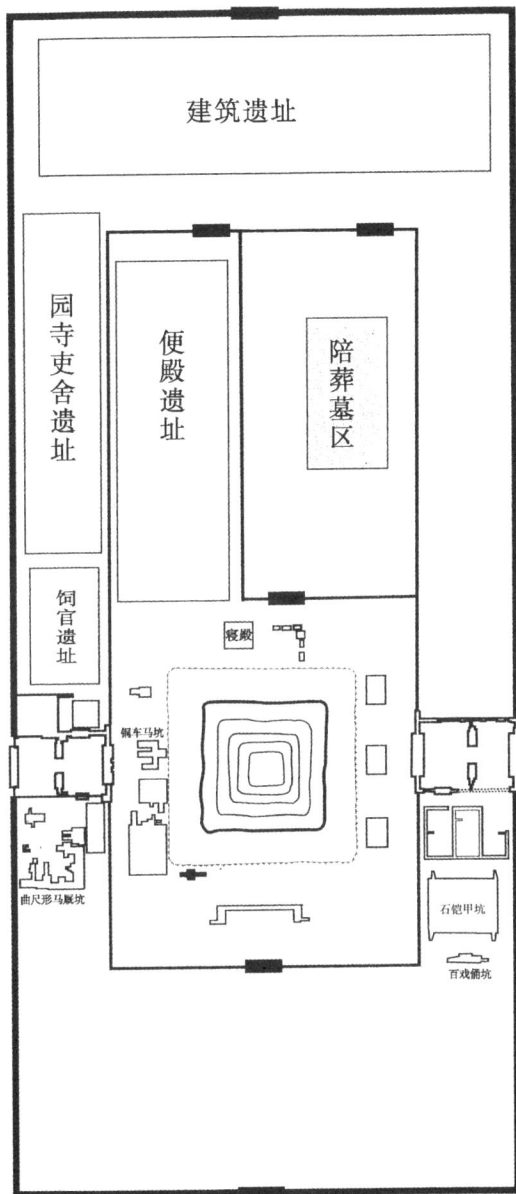

建筑遗址

园寺吏舍遗址

饲官遗址

便殿遗址

陪葬墓区

寝殿

铜车马坑

曲尺形马厩坑

石铠甲坑

百戏俑坑

○ 秦始皇陵遗迹平面示意图

是后宫人员的墓葬。第四处位于外城垣的东侧，有墓17座，试掘了其中的8座。除1座墓内未见人骨外，其余7座墓内埋着五男二女，年龄在18～30岁之间。其中一个女性是被缢杀，另外六人身首分离是被肢解。初步推断这是被二世胡亥及赵高杀死的秦始皇的诸公子、公主。因二世篡权遭到诸公子、公主的反对，所以惨遭杀害。埋葬时给予了一定的礼遇，都有棺椁，并有一定数量的陪葬物。

关于秦始皇陵的情况，通过多年的考古探测，获得了许多新知识。陵墓是由地面上的封土堆和地下宫殿两部分构成。封土的形状呈覆斗形。经实测，封土底部南北长515米，东西宽485米，周长2000米，原高115米，现高76米。封土呈九层阶梯形，象征着高耸入云的多层次的楼台建筑。封土下的地宫周围绕有宫墙，四面有门。地宫距地表深约30米。据《史记·秦始皇本纪》记载，地宫内"上具天文，下具地理"，"以水银为百川江河大海"。经用现代化的科学手段探测，发现地宫内有强烈的汞异常反应，面积达1.2万平方米，略呈几何形分布。这说明地宫内"以水银为百川江河大海"的文献记载，好像是可信的。

地宫挖得很深，所谓"下彻三泉"。那么，它是采用什么方法防堵地下水的？有人认为是用铜水浇灌把泉水堵住；有的认为是用重万吨的三个大铜块把地下水封堵。这些都是揣度之言，不足为信。《水经注·渭水》说："斩山凿石，下锢三泉。"考古钻探时在地宫周围发现许多碎石碴，说明用石头或石板砌筑以防堵地下水，此法简单易行，是比较可信的。另外，在地宫的南、东、西三面发现总长度1300余米的排水渠道。渠道由东、西两部分组成，东部的渠道环绕于地宫的南半部，长778米，上口最宽处84米，底宽9.4米，最深处39.4米；西部的渠道长525米，是采用坎儿井式由一串明渠和暗渠组成。此渠道的作用，是在修建地宫的过程中使深层的地下水进入渠道排出，待地宫修好后，在渠道内填塞厚10~17米的青膏泥后再填黄土夯筑，形成地下防水大堤，以保持地宫的干燥。其设计之巧妙，堪称古代水利工程中的奇迹。

秦始皇陵是否曾被大规模地盗掘？经考古勘探，发现在陵墓的东北角及陵墓的西侧各有一个小型盗洞。这两个盗洞呈椭圆形，直径约0.9米，一深9米，一深14米，都未挖到底，并且距陵墓的中心点还有200多米。这显然是私人挖的盗洞。秦始皇陵墓的封土是夯筑的，夯层清晰并无人为扰动迹象，说明秦始皇陵未被人为大规模盗掘。

秦始皇陵墓内藏着许多秘密。《史记·秦始皇本纪》记载，秦始皇陵内"宫观百官奇器珍怪徙臧满之"；又说"以水银为百川江河大海，机相灌输，上具天文，下具地理。以人鱼膏为烛，度不灭者久之"。这些记载是真是假？地宫内到底是什么样子？里面都埋葬着什么宝贝？秦始皇的棺椁、衣衾是什么样子？秦始皇的尸骨保存状况如何？这一系列的问题，都是人们急切想知而又不易索解之谜。许多人经常提出：什么时候挖掘秦始皇陵？为了文物的安全，我们国家是不主张挖掘帝王陵的。尤其是秦始皇陵这样重要的人类文化遗产，在一个相当长的时期内是不会发掘的。可以利用现代科技手段，

○ 错金银铜乐府钟(秦始皇陵出土)

○ 青铜鼎正面

在不发掘的情况下探明陵墓内的埋藏情况。随着现代科技日新月异的发展，我想在不久的将来，这一愿望有可能实现。

对秦始皇陵内众多的遗迹、遗物如何保护好、利用好，是考古人员和广大群众非常关心的一个重要问题。为了从根本上解决秦始皇陵的有效保护问题，国家已正式批准建立秦始皇陵遗址公园。遗址公园的范围，以秦始皇陵外城垣为界再向四周外延20米，占地面积2.67平方公里，在此范围内的土地全部征用。在遗址公园的四周建设保护性的绿色屏障以标志出外城垣的四界。对已发现的一些文化遗址，如铜车马坑、曲尺形马厩坑、珍禽异兽坑及各种大型的陪葬坑，以及寝殿、便殿等宫殿遗址，采用覆盖式保护，并采用各种不同的方式显示其范围。对已试掘的百戏俑坑、石铠甲坑和已全部发掘的K0006号马厩坑等，建设遗址保护展示厅，并对遗址公园区进行绿化。

在陵园的范围内还发现各种附属建筑遗址近千万平方米，出土文物5万多件。整个秦始皇陵像座丰富的地下文物宝库。"秦始皇陵及兵马俑坑"的组成部分已于1987年被联合国教科文组织列入《世界遗产名录》。教科文组织下的遗产公约委员会，在讨论秦始皇陵列入《世界遗产名录》的一个文件上说"主席团意识到秦始皇陵是世界上最大的考古学储备之一"，并希望"能明确提出对待该遗址的考古和博物馆政策"。这是对秦始皇陵在考古学和人类文化史上意义的高度评价，同时对今后的考古寄予了殷切的期望。